昭和「娯楽の殿堂」の時代

三浦展

MIURA ATSUSHI

柏書房

船橋ヘルスセンター
FUNABASHI HEALTH CENTER

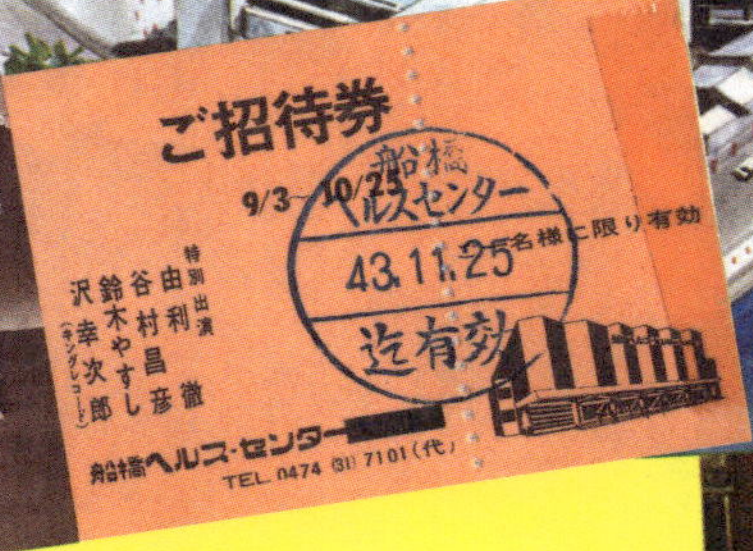

最も気安く遊べる
海の温泉
あらゆる施設を具へた
緑の安息所

新サロン

営業時間と料金

午前9時～午後8時半

入場券	お一人様	¥120
	お子様	¥ 70

(七才未満は無料)
30名様以上は割引

日本館貸切室

十畳
二八畳　二、五〇〇まで
コマ館三階　十三室
十畳　八〇〇円より
二八畳　二、五〇〇円まで
離れ二階　十四室
六畳　六〇〇円より

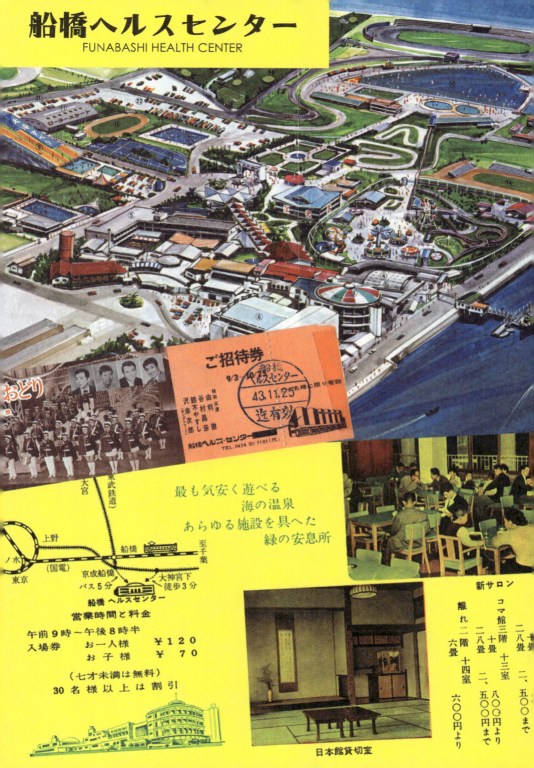

鉄骨三階建ての海の家と大海中プール

❶❷「ご家族みんなでハワイの気分」が味わえる、一万坪の大きさを誇る海水プール「ゴールデンビーチ」　❸フラダンスショーはヘルスセンターが発祥とされる　❹❺昭和43年当時のパンフレットによると、「タイム、ライフなどの外国一流雑誌にも写真入りで紹介された世界ではじめてのボデー・シューター"大滝すべり"は年と共に人気をよび、各地にこれを真似たすべり台ができましたが、センターのそれが元祖です」とある

水着撮影会。「推せん1名、特せん3名、準特せん5名、入せん10名、佳作30名、特別賞20名」が選ばれたようだ

少女音楽隊や舞踊団はヘルスセンターの人気を大きく支えていた。舞踊団では全国から練習生を募り、一日の舞台を終えた後も毎夜遅くまで練習を重ねたという。ラジオやテレビの公開放送、芸能人のショーも多数開かれ、当時のチラシには「パンチ！パンチ！で爆発する　ゴールデン歌謡ショー　歌いまくる演歌の新星　都はるみショー／司会　青空千夜・一夜」「暑さをフッ飛ばす涼弾一発！　歌う北島三郎ショー」などとある。三波春夫、村田英雄、森進一、ザ・ピーナッツ、島倉千代子、橋幸夫、畠山みどり、江利チエミといったビッグネームが並んでいる

❸

❹

❺

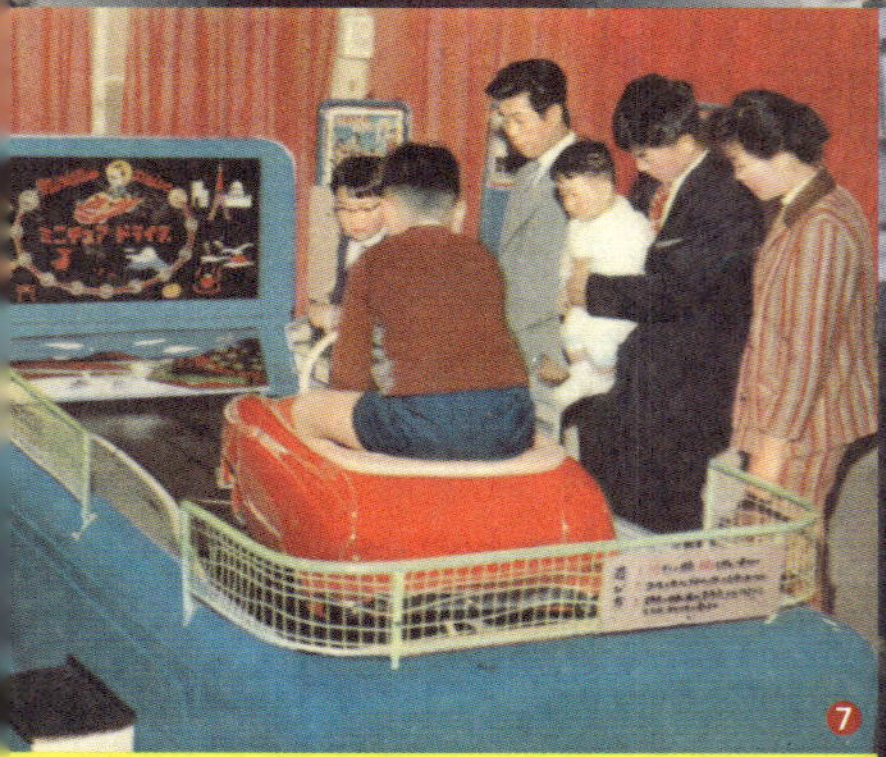

❼

❽

❶〜❹ 多彩なお風呂は「白亜の温泉デパート」ならでは。左からトルコ風呂、酵素風呂、婦人大風呂、ローマ風呂 ❺ 動く歩道もヘルスセンター発祥か。パンフレットによると最新装置のラバレーターは、バイブレーションの作用により、足の神経を刺激し非常に軽ろやかになる特効があります」 ❻ クレージーキャッツの映画にも登場した象の「船太くん」 ❼〜❾ 室内娯楽場 ❿ 昭和43年、大技「人間風車」で知られるビル・ロビンソンと立浪部屋所属の元大相撲力士豊登によるプロレス世界タイトルマッチが行われた

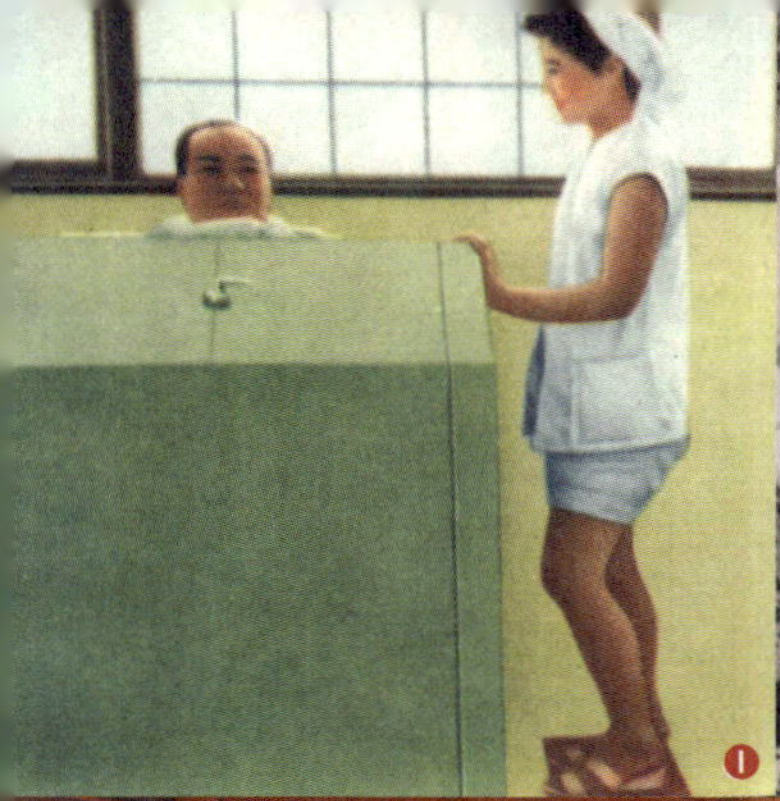
❶

❷

忘年会
会費
入湯料共
300
円
お申込はお早めに！
期間　12月1日～30日
破天荒サービ
忘年会御料

❻

❾

ビル・ロビンソン
豊
5月8日(水)
午後6時試合開始
❿

東京で最大級の規模を誇った錦糸町楽天地のキャバレー「グランド・フォンテン」は、温水プールを改装して昭和 35 年にオープン。ショータイムには、ダンスフロアの床が横にスライドして、下から 3 つの噴水とステージが現れる劇場スタイルだった

東京楽天地
TY

トリス
江東劇場
マヒナ・スターズ
ビクター
女の座
こまとり姉妹
椿三十郎

THE HORSE SOLDIERS
騎兵隊
1

豪華実演と映画
唄いまくる!!
三波春夫ショウ
映画は
暗黒街の顔役
2

豪華実演
島倉千代子ショウ
上演中
宇宙大戦争
賀正
3

ユニー化
14日ヨリ
江東劇場
実演
肉体の門
映画は
若き日の血は燃えて
絶賛上演中
4

5

❻

❼
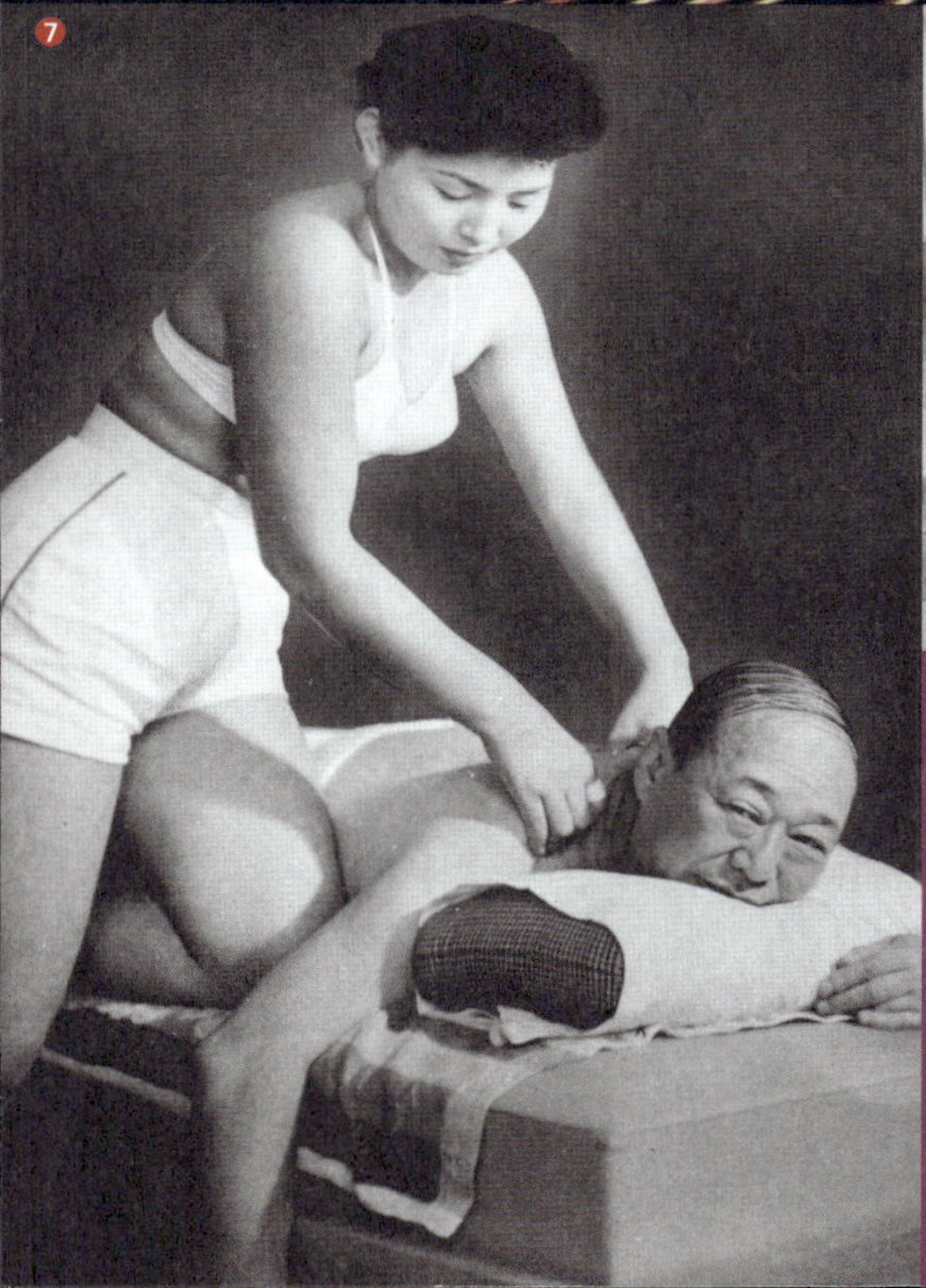

❽

❶〜❸ 映画館では映画や演歌ショーなど、大盛況だった　❹ 昭和 22 年、戦後第 1 回目のアトラクションとして、当時の話題作「肉体の門」が江東劇場で上映された　❺ 昭和 23 年の月組公演「ヴェネチャ物語」より。戦後数年にわたり宝塚の公演も行われ、大変な人気を博した　❻〜❽ 6 階建ての楽天地天然温泉会館は 3 階が大理石大浴場、4 階が百畳敷広間、5 階がトルコ風呂、6 階が和洋大食堂となっていた。くつろぐ柳家金語楼の写真も残っている

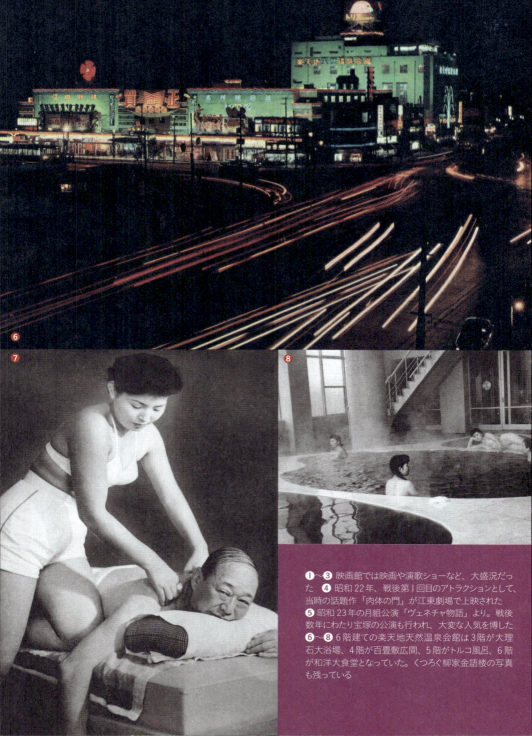

ボウリング
BOWLING

はじめに

都市にはなぜ娯楽があるのだろう。もちろん人間の生活には遊びが必要だからに違いない。だが、昔の、テレビもラジオもない時代の農村であれば、生活の中の娯楽といっても限りがある。春や秋の祭り以外は、基本的には毎日の労働があるだけだ。それに対して都市には毎日娯楽がある。それは江戸時代でもそれ以前でもそうである。

生産や労働の場は、農村にも都市にもある。消費や娯楽の場は、農村にもあるが、都市に集中している。特に娯楽はそうである。たくさんの人々が集まり、働き、消費する都市には、消費の一形態としての娯楽というものが必ず出現し、発展する。娯楽のためのたくさんの施設が、仮設だけでなく、固定してつくられる。そして毎日そこで演《だ》し物がある。こういうことは、まったく都市固有の現象であろう。

そして大都市であればあるほど、巨大な娯楽施設、豪華な娯楽施設があり、各種の娯楽施設間での競争があり、さらに流行の移り変わりの中で、さまざまな娯楽の栄枯盛衰がある。

私はこれまで主に住宅地や消費拠点という観点から東京を調べ、いくつかの本に書いてきたが、今まであまり扱わなかった娯楽というものほど、都市を考えるうえで不可欠なことはないのではないかと近年思うようになった。

そこで本書では、東京圏の戦後の娯楽施設を中心に、いくつか代表的なものについて、その由来と経緯をひもとき、それらの全盛期の様子を、当事者の声も含めて調べてみた。まだまだ無数の娯楽施設が東京にはあるし、今は消えたがかつてはあった娯楽もたくさんある。だから本書は、娯楽都市・

東京のほんの一部を調べたものにすぎない。

それともう一つ、私が東京の娯楽について調べてみたくなった理由は、第一に、人々の心理の中で消費というものがあまり重要ではなくなったと実感するようになったからだと思われる。消費の最新動向については拙著『第四の消費』を読んでいただきたいが、簡単に言えば、単に物を買う、もっと大きな物、高級な物に買い替えるといった、高度経済成長からバブル時代までの日本で特徴的だった消費行動が、近年あまり魅力を持たなくなった。物よりサービス、と言うと言葉が形式的すぎるが、もっと人と人のつながりとか、人間らしいつきあいとか、そういったことを充実させることに人々の関心が移行しつつある。だから、消費の場としての都市を考えるよりも、娯楽の場としての都市を考える方向に私の関心も動いた、ということなのではないかと思われる。

第二は、東京がどんどんつまらなくなっていると私が思っているからであろう。消費に対する人々の態度が変わっているにもかかわらず、都市が再開発されると、どこもかしこも同じような巨大なビルやマンションが建ち、どこもかしこも同じようなチェーン店が入居する。生活はますます快適で便利になるが、どこか白々として味わいのない空間が増えている。雑踏は管理され、街路は単なる通路となり、市場のいきいきとした熱気は、明るく冷たいコンビニに取って代わられている。

娯楽で言えば、都心の映画館も近年はシネマコンプレックス（シネコン）になった。たしかにシネコンは清潔で快適だが、どうも私には都市的な魅力を持ったものには思えない。たとえばインターネットで予約をして映画を見るというのも便利で確実だが、何だかつまらなく思える。

しかも現代では娯楽がバーチャル化している。ゲーム機やスマホの中で遊ぶことが増えた。映画もレンタルＤＶＤで見ることが増え、音楽もダウンロードで聴くことが増えた。娯楽を求めて街に出ることが減っている。それでますます都市が活気を失っている。

それに対して本書で紹介する昭和の娯楽は、もっとパワフルである。街もビルも今までにないものをゼロからつくってしまう。でも、現代の都市再開発のように無機的ではない。もっと泥臭く、汗臭く、人間臭い雑踏をつくるのだ。

そしてもっといい加減である。ノリがいい。勘で動く。リスクマネジメントだのコンプライアンスだのセキュリティだの、そんな面倒くさいものはない。今から見ればまったく無計画である。博打である。行ける！ と思うとすぐにつくり、駄目だ！ と思うとすぐに壊し、そしてまた新しいものにつくりかえる。しかしそこに人々がものすごい勢いで集まり、ワイワイ騒ぎ、汗を流し、酒を飲み、笑う。

こんな時代があったことを、若い人たちに知ってほしい。また、昔を知る読者には懐しんでほしい。そこから力が湧いてきて、もっと面白い街、もっと面白い仕事、もっと面白い人間をつくろうと、少しでも思っていただければ幸いである。

平成二七年三月

三浦　展

昭和「娯楽の殿堂」の時代

目次 index

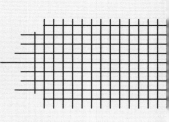

第一章

戦後欲望の解放区

船橋ヘルスセンター

ステテコ共和国誕生！

　ここは「遊び場の総合大学みたいなもの」だ。「客のなかの好きものが舞台にあがってのど自慢やかくし芸、汗にまみれて熱演している。人びとはそれを寝ころんだり、あぐらをかいたり肘枕《ひじまくら》をしたりしてながめている。上着をとり、ズボンをぬぎステテコ一枚になって、ゆるやかにオヘソのあたりなどかきつつながめるのである」

　こう書いたのは作家・開高健だ。彼はヘルスセンターを「巨大なステテコの共和国」と名付けた。センターにある広間についてはこう描写している。

「巨大な難民収容所のようでもあるし、巨大な二等船室のようでもある。一升瓶やウイスキー瓶やサイダー瓶が散乱し、折箱、弁当箱、皿、丼鉢、重箱などが晴海《はるみ》あたりの埋立地さながらに散らばっている。そのなかに人びとは縦になってみたり、横になってみたり、エビのように体を丸めたり、大の字にふんぞりかえったり、足のさきに人の頭、頭のさきに人の足、おしあいへしあい、ひしめきあって寝ころんでいる。あまりの人ごみでほんとに足の踏場もないし、体と体のすきまに畳を見ることもできないのである。まるで巨大なイワシのカン詰をひらいたようなものである。寝返りをうつこともできないし、うっかりのびをしたら人の目のなかへ足の指や手の指がつきささりそうである」

「御飯粒やジュースでべたべたによごれた畳のうえに人びとは河岸のマグロのようによこたわ

り、目をひらいてじっとしている。汗や、人いきれや、腋臭《わきが》や、水虫の指のにおいなどがたちこめ、よどんでいる」

いやあ、ひどい混雑だ。まるで満員電車である。それまで農村で暮らしていた人びとが、そして当時も農村に暮らしていた人びとがヘルスセンターに押し寄せたはずだが、仕事のために仕方なくでもないのに、どうしてこんな混雑に耐えられたのだろう。混雑こそが戦後社会の活力であり、成長の証であるとでも思っていたのだろうか。

「みんな友だちで他人。プレーボーイも、農民も、工員も、会社員も、インテリも、じいさんも、孫も、なにも区別がない」（「日本人の遊び場」13『週刊朝日』一九六三年九月二七日号）

作家・三浦朱門も書いている。

「ここの建物は増築につぐ増築で、一度や二度歩いたのでは、どこがどうなっているのか、さっぱりわからないような複雑な構造である。風呂、売店、食堂、ゲーム場。また風呂、舞台、広間、というふうにつながるのだ。（中略）至る所に廊下ともホールともつかない場所がある。そういう場所でおばさんたちが、イキなといいたいが、正直のところ、気狂《ちが》いじみた柄の着物にきかえて、踊りの練習をしている」（「ニッポン解剖」33『週刊サンケイ』一九六四年一二月一四日号）

開高も三浦も、ヘルスセンターの混沌《こんとん》に頭をくらくらさせている。しかしその混沌が、戦後一〇年を経て出現した民主主義、あるいは欲望解放主義であることをはっきり意識している。小沢昭一はストリップを見ることで戦後の民主主義を実感したという（『朝日ジャーナル』一九七八年八月一一日・一八日合併号）。性の解放が、人間の存在全体の解放だと感じられたのだ。もちろん、そこには戦争で焼け跡と化した東京からの復興の実感という意味もあっただろう。そうした解放感、欲望の充足感を、大衆がヘルスセンターの中で味わっていることを開高も三浦もひしひしと感じたのであろう。

放送作家・永六輔も書いている。

「専用空港から青空に舞い上がるスマートな遊覧飛行機。九つのステージにくりひろげられる豪華なショー。ボーリング場にわく明るい歓声。そして尾形光琳、狩野探幽の名画が並ぶ美術館では、人びとがおにぎりを食べる……ふしぎなんです。みんなうまく調和してるんです。僕は、そこに、素朴な日本を見たんです」

永は、ヘルスセンターを取材した同じ年の春にアメリカのディズニーランドに行った。「カリフォルニア大学に留学中の日本人学生と、オニギリなど作って、それをディズニー・ランドで食べようと、楽しみにして出かけたの」だが、「受付のオジサンに荷物を調べられ、用意していった食料品をとりあげられて」しまう。「食べるもの、飲むもの、すべて中で売っているから、それを買え、持ち込みは禁じられているのだ」と言われ、「なにか割り切れないものが残った」という。

ところがヘルスセンターは「いずこをみてもオニギリのオンパレードである。中にはおひつを持ち込んで食べているグループもある。つまり、茶の間ごと移転してきたようなものである。ステージつきの広間は超満員で廊下にまではみだしているグループもある」。

そして、「九つのステージは常にショーが演じられている。ある時は、プロの歌手、ある時は一杯機嫌のお客さん、そしてこのヘルスセンターで育った専属舞踊団と少女音楽隊である。プロの歌手の場合は、村田英雄、こまどり姉妹、畠山みどり、といった一流タレントが登場する。人気スターと同じ舞台で歌い、踊れるという感激から、お客さんの素人芸《しろうとげい》はその順番でもめるほどに殺到する」。「上演中の『春の踊り』のかぶりつきにがんばった僕の隣にすわっていたのは、ぬれたタオルを頭にのせ、金ラメが織りこんであるシャツを着たアンチャン」。彼は「『俺《おら》ア、嫁さん、さがしに来ただ』と舞台を見上げ」た。

「抑圧された欲求不満のはけ口といえば、それまでだが見ず知らずの人たちがアッというまにグループをつくり、舞台に登場して踊りだすという事実。ひっこみ思案ということがここにはない」。「村田英雄と農家のおばさん、ジェットコースターと重要文化財が同じ価値にみなされているのだ」

（「おにぎりと飛行機と温泉と」『女性セブン』一九六三年六月五日号）

一流歌手と庶民、重要文化財と遊園地が同じ価値とな

『毎日グラフ』（1963年9月号）で特集された船橋ヘルスセンター。右下の写真は1万人を収容する大ホール。右上には「自宅にいるよりもっとリラックスした姿のご婦人たち」のキャプションがある

る場所。それは、戦後民主主義、平等、自由ということを、観念ではなく、具体的に実感できる場所だった。さらに言えば、経済成長をすれば、海を埋め立てれば、どんなに生活が豊かになるのか、楽しみが増すのか、日本中で最も早く実感できたのが船橋ヘルスセンターだったのであろう。

火を吹くような開業当初

この、戦後日本を代表する巨大娯楽施設・船橋ヘルスセンターは、千葉県船橋市浜町沖の浅瀬を埋め立て、昭和三〇年（一九五五）一一月三日に落成披露の後、五日より営業を開始した。

ここで船橋ヘルスセンターの全体像を概観しよう。とはいえ、常に変化し、次から次へと新しい施設をつくっては壊すヘルスセンターを描ききることは難しい。ある時点であったものが、ある時点ではない、ということも非常に多い。そこで、レジャー施設研究家・千葉高司のレポート「施設研究　船橋ヘルス・センター」（『レジャー産業』一九六八年八月号）をベースに、丹澤章浩「ヘルスセンターの時代」、山川正作編『船橋ヘルス・センター年表』、森谷五郎『ヘルスセンター発祥時の想い出』からも情報を追加しながら、ヘルスセンターとはいったいどんなところだったのかを見てみることにしたい。

開業時は、敷地一万坪（三万三〇〇〇平方メートル）の土地に鉄筋コンクリート二階建て、延床面積は七〇〇坪（二三一〇平方メートル）とある。一階は舞台付き大広間（一〇八畳）、ローマ風呂（三三〇平方メートル）、女子専用風呂、サロン、明治パーラー、売店、厨房、事務室。二階は座敷・広間が八室（四畳半〜二四畳半）。さらに木造トタン葺き平屋の別館には、舞台付き広間（七二畳）と三六畳の広間が二つあった。そのほか、温泉露天プール（二五メートル、五コース）、屋外児童遊技場（すべり台、ブランコ、木馬など）。入場料は大人一〇〇円、子ども五〇円だった。

これが昭和三一年の一年のあいだに、どんどん新築、増改築が続く。主なものだけでも、まず五月にはゴルフ練習場、離れ広間、遊園地が開場している。七月には日本館が開場。八月には新館が開場。一〇月にはローマ風呂南側の客室、男子脱衣室を取り壊しているので、おそらく風呂を拡大したか、あるいは別の施設をつくったのであろう。一二月には商店街が完成。本館玄関を拡張して、娯楽室と倉庫を新築し、従業員食堂もつくっている。つまりは当初、倉庫も食堂もない段階で、見切り発車のようにヘルスセンターは開業していたことになる。

三二年元旦には岩風呂が開場。同年二月には従業員慰安旅行に出かけているが、その行き先は熱海温泉である。自分たちで温泉をつくっておきながら、慰安旅行に熱海というのは、なんだか矛盾しているようだが、老舗温泉を研究するという目的もあったかもしれぬ。同年六月には各国村が開場、遊園地に児童プールができる。七月には香水風呂が開場し、後述する大コマ館が着工し、商店街の屋上にローラースケート場が開場する。

三三年元旦に大コマ館が開場。大滝風呂、トルコ風呂も開場する。三月には第三別館開場。四月に飛行場が開場し、遊覧飛行開始。同月、少女音楽隊を結成。六月に第四別館開場。七月、水上スキー場と離れが開場。離れは一二月に中央館と改称した。

三四年元旦には（元旦が大好きなのだ！）長安殿が開場。七月には商店街にボクシングジムを開設する。同月、大コマ館に温泉プール「裸天国」ができ、同館の大滝風呂を拡張している。そして一二月には、屋外の二五メートルプールを（冬はプール客がいないためであろう）釣り堀として営業を開始する。翌三五年一月には野球場とテニスコートもできている。

各種施設建設の合間を縫うように、この間、たくさんのイベントも行われている。舞踊コンクールに花火大会、温泉プールでのオリンピック選手模範泳法披露、花見、自民党議員団来場、社会党議員団来場、インドネシア高官来場、芸能練習生入所、囲碁王座戦、将棋王座戦、日光博覧会、たばこ愛煙家謝恩抽選会（一体何をしたのか不明だが）、岸首相御一行来場、ニッポン放送「歌う浮世風呂」の公開録音、浅香光代座長長期公演などなど、実に目まぐるしい。

やがて、ヘルスセンターは名実共に「娯楽の殿堂」として認知されるようになり、三八年一〇月には五大歌手（三波春夫、橋幸夫、畠山みどり、島倉千代子、江利チエミ）による歌謡大パレードが開催されている。四四年には人気絶頂のグループサウンズ、タイガースのショーに観客が殺到、機動隊に出動要請するという事件まであった。そして昭和四五年にはついに美空ひばり公演も実現している。また、ヘルスセンター大劇場は、ザ・ドリフターズの「八時だョ！全員集合」の収録で使われた場所としても有名だ。

こんな調子で、開業当初のヘルスセンターはまさに目から火が出るように忙しく激しく、新築、改築、増築を繰り返しながら、増殖を続けていった。

本館

鉄筋コンクリート造り三階建て、総面積約六二〇〇平方メートル。一階には名物のローマ風呂のほか、岩風呂、香水風呂など。さらに、室内娯楽場、男女シャワー室、指圧室、食堂、グリル、卓球場、各種売店、立食寿司などもある。二階は休息・慰安施設で、貸切部屋三六室、貸切風呂、観劇場、医務室など。三階には一五室の貸切部屋、各種売店があり、屋上は展望台となっていた。

ヘルスセンターの中核施設ローマ風呂は約三〇〇平方メートルという大きさ、ドーム型天井の豪華さ、男女混浴で大人気となった。

当初、風呂を四角にするか円形にするかで大議論があったが、社長の丹沢以下数名で熱海の大野屋のローマ風呂に視察に行き、全員一致で円形に決定。大野屋よりも大きな風呂をつくることにした（ちなみに、大野屋の息子の一人がルパン三世のテーマ音楽などで有名な作曲家の大野雄二。また大野屋は最近、ラブプラスというバーチャル恋人ゲームと連動し、ゲーム機内の恋人と大野屋に宿泊するというビジネスを手がけて話題になった）。ドーム型天井にはめ込まれたガラス玉は、当時の新丸ビルの玄関にヒントを得たという。

ヘルスセンターへの入場料さえ払えば、風呂には何度でも何時間でも入れるので、湯あたりして倒れる人もいた。また、天井からはねかえる音を防ぐために、金物の風呂桶の底にゴムの輪を付けた。　（口絵）

大コマ館

昭和三三年元旦開場。総面積約五一〇〇平方メートル、鉄筋コンクリート造り、円形四階建て。各階がエスカレーターで結ばれており、近代的な設備を誇っていた。

本館が一般的な温泉とすると、大コマ館は特殊風呂が呼び物だった。一階は大滝風呂、トルコ風呂、各種貸切風呂のほか、特殊蛋白質分解酵素による酵素風呂、電気風呂などが設けられている。そのほかホール、コーヒースタンド、売店があった。

二階には貸切部屋一三室、売店、円形ホール、オーシャンスタンド、コーヒースタンド、理髪室、食堂など。三階にも貸切部屋が一三室あり、円形ホールもあった。ほかにミュージックホールと売店。四階はコマ舞台を備えた、五〇〇畳もある大広間があるほか、食

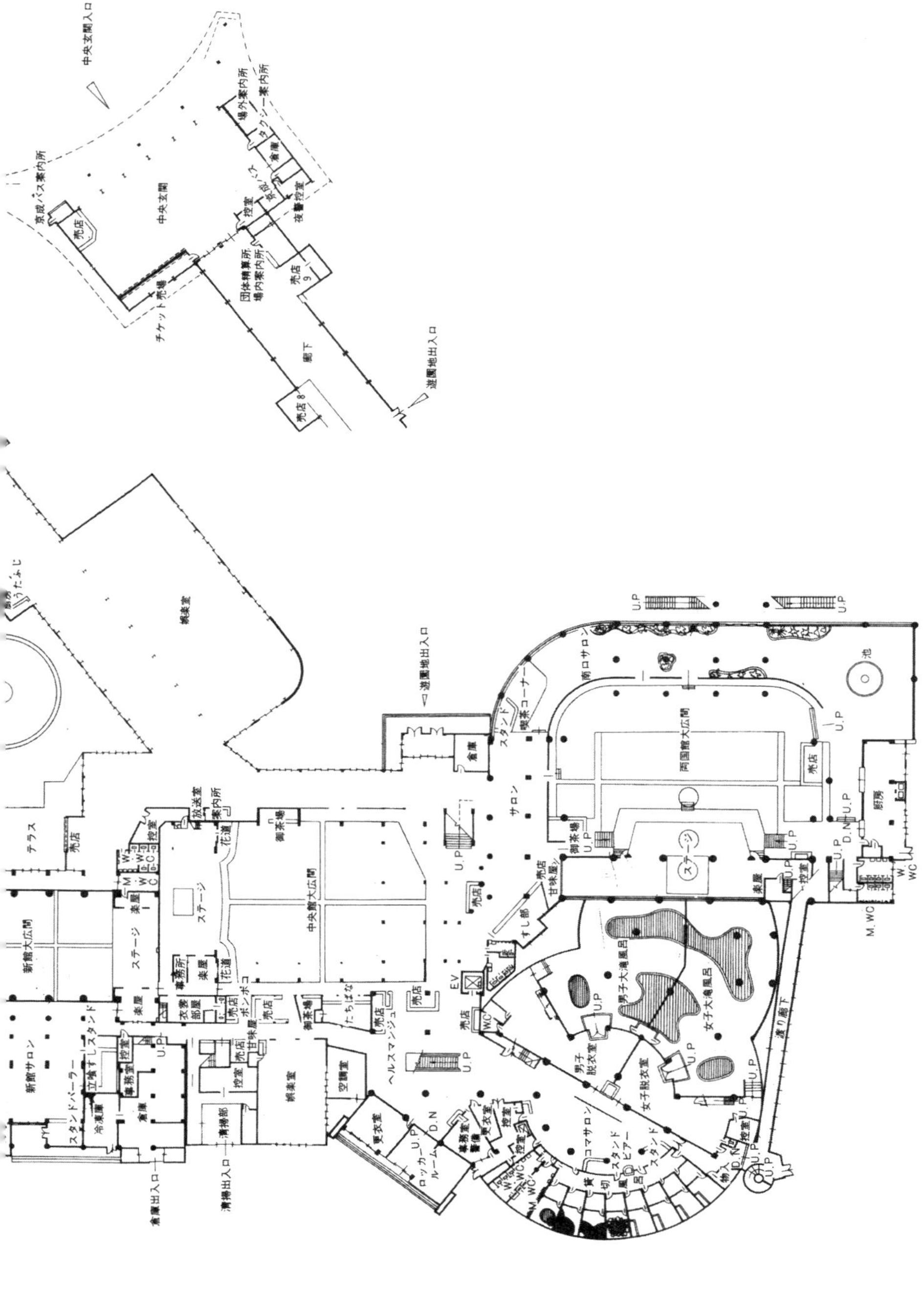
中央玄関入口
京成バス案内所
場外案内所
タクシー案内所
中央玄関
売店
倉庫
控室
夜警控室
団体精算所
場内案内所
チケット売場
廊下
売店8
売店9
遊園地出入口
娯楽室
南口サロン
喫茶コーナー
スタンド
両国館大広間
池
サロン
厨房
ステージ
楽屋
御茶場
中央館大広間
花道
放送室
案内所
テラス
新館大広間
新館サロン
スタンドパーラー
立喰すし
冷凍庫
事務所
衣裳部屋
ポンポコ
甘味屋
たちばな
ヘルスマンジュ
空調室
清掃部
更衣室
ロッカールーム
すし部
男子大滝風呂
女子大滝風呂
男子脱衣室
女子脱衣室
コマサロン
渡り廊下
倉庫出入口
清掃出入口
EV
U.P
D.N
M.WC
W.WC

『レジャー産業』1970 年 1 月号より転載

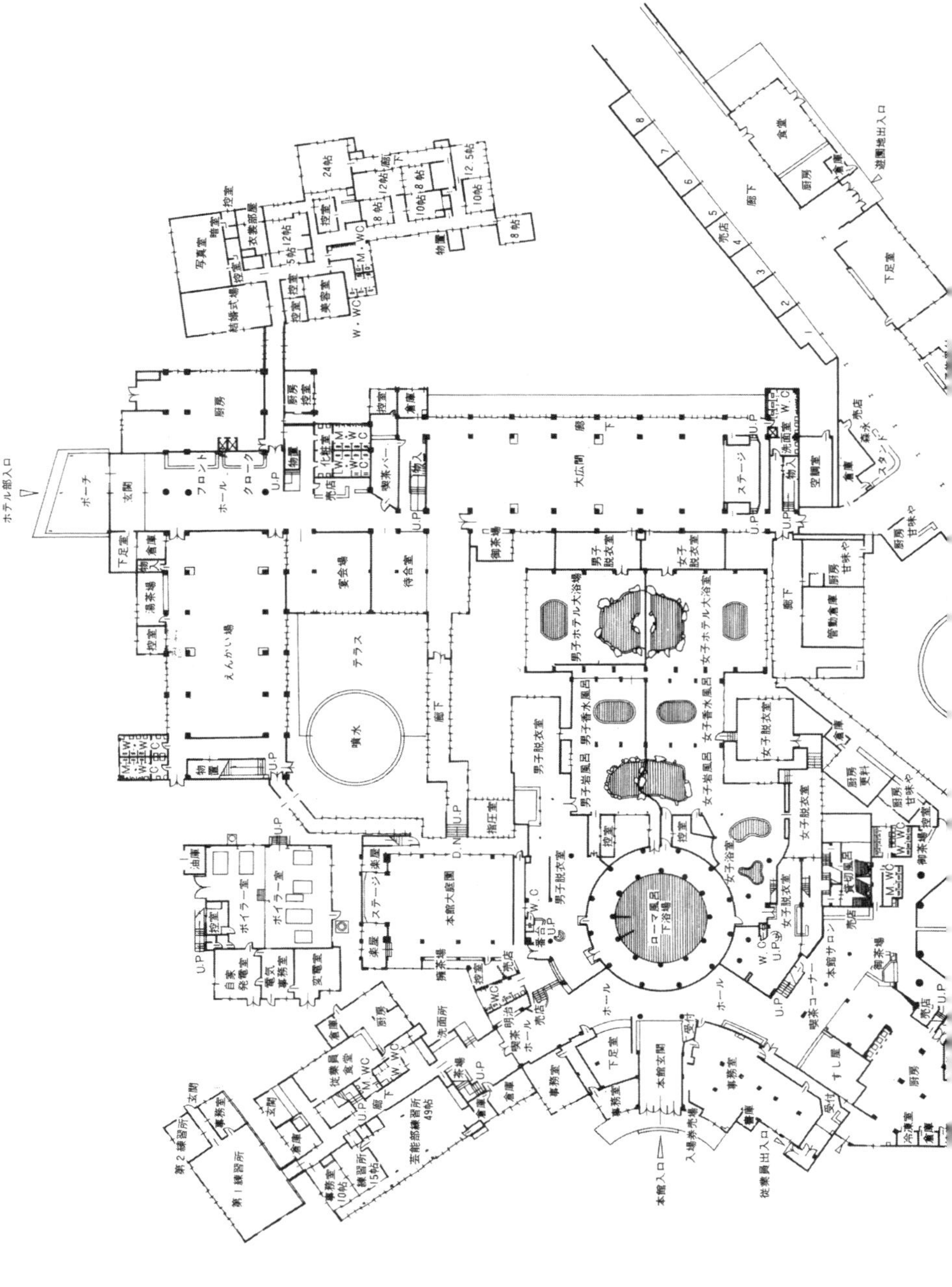

堂、見晴らし台、テラス、ホール、売店があった。

コマ舞台大広間では、ヘルスセンター専属のダンシングチーム四〇人、少女ブラスバンド五〇人による歌と演芸がくりひろげられ、湯上がり客を楽しませた。特にダンシングチームのラインダンスなどは、大劇場のそれにもひけをとらない華麗なもので、同センターの名物だった。

中央館

昭和三三年開場。本館と隣接しており、鉄筋コンクリート造りと木造併用の三階建て。総面積は約二七一〇平方メートル。

一階には、せり舞台を備えた、四〇〇畳の大広間があるほか、スクリーン、娯楽場、サロン、各種売店。二階は和室一四、洋室二の貸切部屋、観劇席、アイドホール、三階は舞台のある三〇〇畳の大広間、ビヤースタンド、見晴らし台がある。

本館または大コマ館で風呂に入り、ここで涼みがてら演芸を見たり、休息したりするための施設だったが、大コマ館より庶民的で、特に地方の人や年配者に人気があった。風呂に入ったあと、一日中この中央館の貸室や舞台付大広間で過ごす人も多かった。料金も安く、下手な温泉地へ行くよりよほどいいというのが、利用者たちの声だった。

大広間では、温泉客に常時余興を提供している。ダンシングチームは踊りと歌、演芸を行い、ブラスバンドは音楽部門を担当、風呂上がりでくつろぐ客に、芝居と音楽のサービスをした。観劇料はもちろん無料だ。

くつろぎながらの観劇だから、大広間で寝そべったまま芝居を見たり、音楽を聴いたりできる。さらに、客が自ら舞台に上がって演芸をくりひろげ、大広間が一体となって、素人演芸に手拍子を送ることもあった。こういった、ほかの施設では見られないなごやかな雰囲気、自分で歌ったり踊ったりすることを楽しみにして中央館にやってくる人もかなりいた。

以上、本館、大コマ館、中央館がいわゆるヘルスセンターであり、これら三つは各館が相互に接続していて、本館で入場料を払えば自由にどこにでも行けた。

日本館

昭和三一年開場。木造料亭風の瓦ぶき平家建て、建築面積は八二八平方メートル。全館数寄屋造りで、落

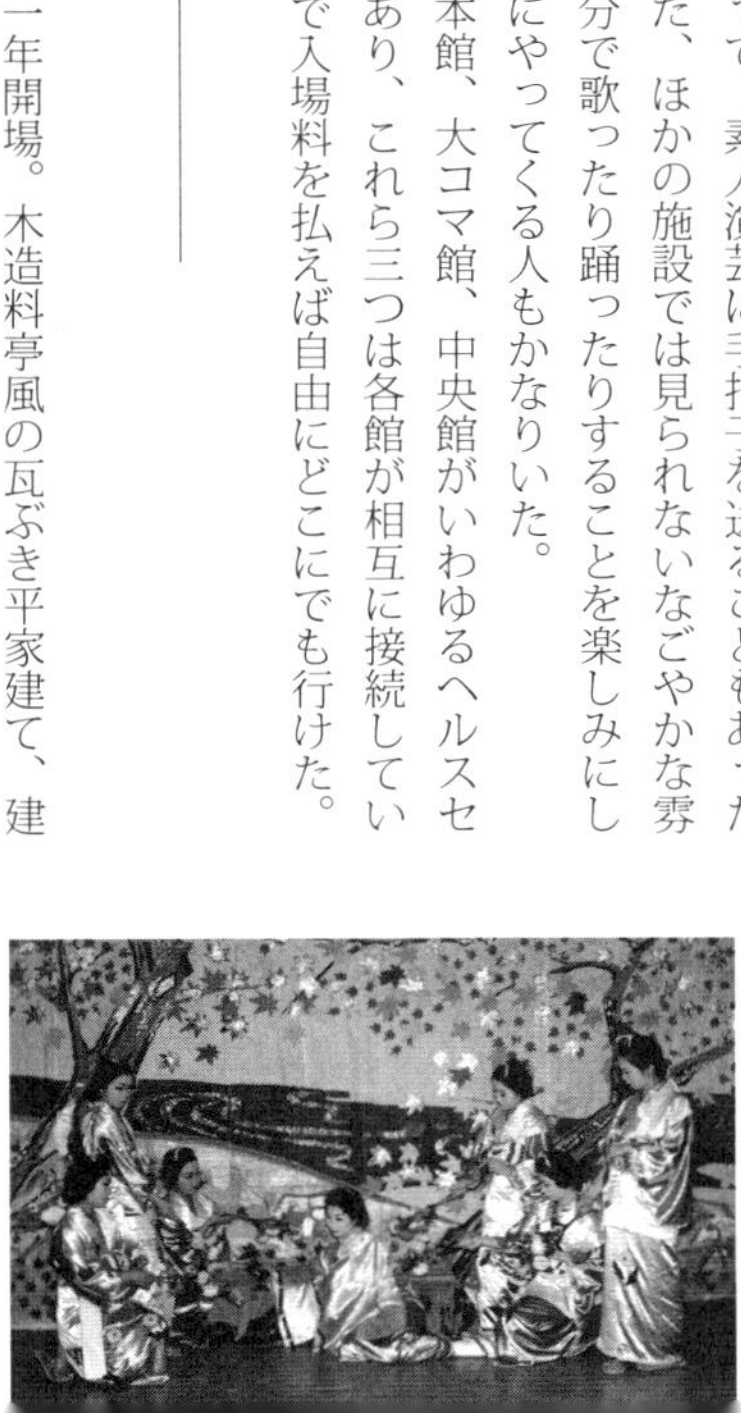

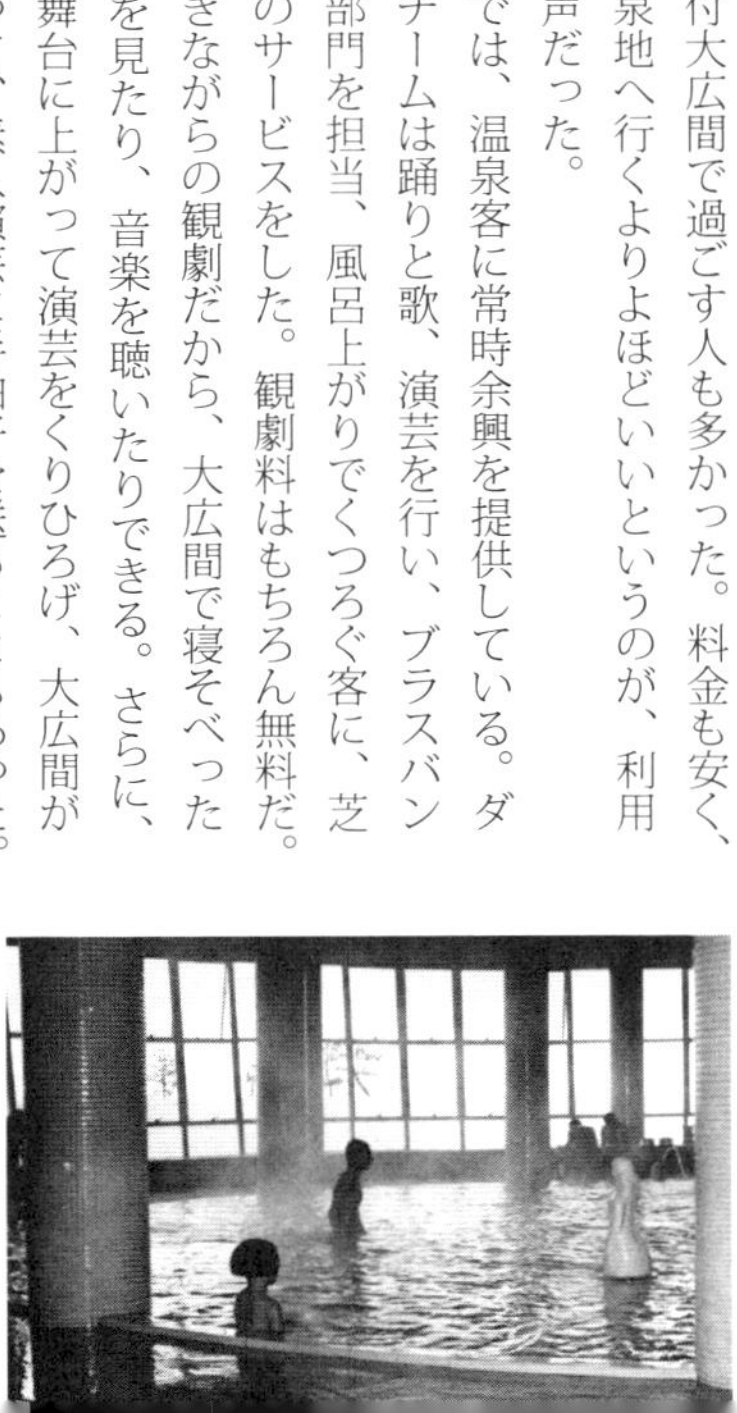

ち着いた雰囲気が売り物だった。結婚式場、和風貸切部屋のほか、結婚式場に付随した美容室、貸衣装室、写真室、応接室などがあった。和風貸切部屋は、主として日本料理の宴会に使用された。結婚式場は当時の結婚ブームを反映して、利用者が年々増加した。

長安殿

昭和三四年開場。大倉喜八郎氏の東京・向島別邸をそっくり移築した中国料理店。総面積は約一六七〇平方メートルで、木造瓦ぶき御殿造り。一本の釘も使っていない、非常に典雅な建造物だった。

天井は約一一キロの重さの金箔を張りめぐらした豪華なもので、壁には狩野元信、狩野芳一など国宝級の絵画、家具、什器類が飾られていた。国宝級の美術品を鑑賞しながら、中華料理を味わうのは格別と、美術ファンでここを訪れる人が多かった。

南国館

鉄筋コンクリート造り三階建て。建築面積は約二八五〇平方メートル。演芸用の大広間と貸室が主体だが、庭園には熱帯植物温室があり、美しい熱帯植物が四季を通じて咲き誇っていた。一階が大パノラマ舞台および大広間、売店、サロン、熱帯植物温室、喫茶室、食堂、二階は自由間仕切り式客室のほか、大広間、サロン、ビヤースタンド、三階は展望大広間となっている。

三四年につくられた温泉プールは「裸天国」と呼ばれた。舞台を設置し、温泉に入りながらコンサートを楽しめるようにしたが、客が入りきらないので、のちにプールを板でふさいで床にして大広間に改造した。

二葉館

昭和三五年開館。建築面積八七五平方メートルの木造瓦ぶき料亭風。一階は和風貸切部屋大広間が四室、二階は同じ大広間が二室あった。南国館同様、貸切部屋が主体。ここもヘルスセンターの利用者がくつろぎ、食事をする施設で、団体、家族の利用客が多かった。

ホテル

鉄筋コンクリート造り三階建て、総面積は約七四〇〇平方メートル。増築につぐ増築で、昭和四三年当時

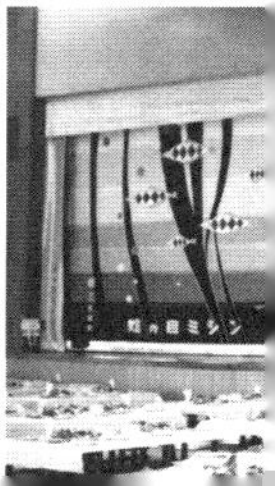

の収容能力は三五〇名。

一階はロビー、結婚披露用洋式大広間と和式大広間、披露宴控室など。両広間とも楽に二〇〇人程度は収容できた。二階以上は客室で、二階は普通部屋が二五室、スペシャルルーム二室、三階は普通部屋が一一室、スペシャルルーム二〇室があり、屋上には展望台があった。

このホテルは、当初はヘルスセンターの利用者のために建設されたが、他県からこのホテルに泊まり、成田山や房総方面へ出かける観光客の利用も多かった。

ひところは、ヘルスセンター内部にも泊まり客を収容し、ホテルと合わせて約一〇〇〇人が宿泊したというから、つまり広間や座敷にそのまま寝泊まりしていたのだろう。しかし昭和四三年頃には、宿泊はホテルだけで、ヘルスセンターには収容しなくなった。

ボウリング場

鉄筋鉄骨コンクリート造り二階建て、建築面積は約五八三〇平方メートル。五二レーンのボウリング場のほかに、サロン、食堂、娯楽室、スナックバーが一階にあり、二階は観客席、ビリヤードなどがあった。昭和三七年に開場した当時は利用者も少なかったが、その後マイカー族がさかんに利用するようになり、ボウリングブームもあって売上を向上させた。

ローラースケート場

鉄骨一部モルタルの平家建て。建築面積は約三一三〇平方メートル。リンクは長軸五〇メートル、短軸二七メートルの大リンクと、長軸二〇メートル、短軸一〇メートルのサブリンクの二つ。当初は商店街の屋上にあったが下の商店街にとってはうるさかったので、のちに別の場所に移転した。

アイススケート場

鉄骨一部耐火造り。建築面積は約七三九〇平方メートル。リンクは長軸六五メートル、短軸三〇メートルの大リンクと、長軸三〇メートル、短軸一五メートルのサブリンクが一階にある。ほかに食堂、入場者用個人ロッカー、売店、浴場、医務室の付帯設備があった。二階は展覧室、卓球台一四台などがあり、スケートの合間に卓球を楽しめるようになっていた。

ハイランドスキー場

夏でも滑れるスキー場として昭和三七年一二月二四日のクリスマスイブに開場。硬いプラスチックのブラシを敷き詰めたもの。クレージーキャッツの映画『ニッポン無責任野郎』が開場前の一二月七日にロケをしており、植木等もここでスキーをしている。

大滝すべり

三八年開場。ハイランドスキー場を改造してつくったもので、今で言うウォータースライダー。大人気の施設で、海外の雑誌にも「日本人の発明した愉快な遊び」として写真入りで紹介されたという。

幅五〇メートル、長さ一二〇メートル、高さ四三メートルのスロープに、上から滝状に水が流れている。ここに一六のレーンがあり、滝の水を浴びながらスロープを滑降して、プールに飛び込む。

レーンは一〇〇メートルが八本、七〇メートルが三本、二五メートルが五本あった。上から下までの滑降時間は、一〇〇メートルで八秒から一〇秒。スピード感にあふれスリル満点なのが人気を呼んだ。（口絵）

大劇場

昭和四一年に総工費四億円をかけて建設。鉄筋鉄骨コンクリート造り二階建て（一部平家建て）。総面積三九六〇平方メートルで、観劇席は一階がイス席六一二、マス席二一〇、二階がイス席一八六、マス席三八四で、合計二〇〇〇人を収容することができた。

一階にはせり付舞台があり、歌舞伎、映画、ミュージカルなど、あらゆる興行が行えた。浴場二室、楽屋五室、待合室、応接室、コーヒースタンドなどもあった。二階は楽屋八室、小道具室、売店、ロビー、映写室など。

大遊園地

広大な土地に数十種の遊戯施設があった。開業当初からあるが、絶えず発展していき、昭和三九年頃には、モノレール、大観覧車、ジェットコースター、宙返りロケット、ゴーカート、回転木馬、各国村、児童専用プールなどがあった。そのほか、日本一長い広軌豆電車、直線コースター、回転飛行機、ダッゼム遊戯場、回転ボートなど。さらに長さ一二〇メートル、幅五〇

メートルのバッティング場があり、一〇台のバッティングマシンが置かれていた。また、東海道新幹線開業より一年早く、新幹線型の車両を走らせた。年間の利用者は二〇〇万人を超えたという。

遊覧飛行機

五〇万平方メートルにおよぶ飛行場にはセスナ機一〇機が待機している。風雨が強くなければ、一人でも気軽にこの遊覧飛行機に乗れた。セスナ機は東京湾一周、オリンピックコース一周などの遊覧飛行を行っていたが、航空訓練用の賃貸しなどもしていた。

遊覧船（海賊船がりばあ号）

昭和三九年営業開始。総トン数二一三トン、三八〇人乗りの、海賊船スタイルの遊覧船。ヘルスセンターの岸壁から千葉海岸まで、一回約二五分の航路を走るもので、船内には海賊遊技や探検室などもあった。時には船上のパーティーや、展示会場として貸切で使われた。

海上公園

別名ゴールデン・ビーチ。東京湾一角を扇形にくりひらいた四万五〇〇〇平方メートルもある世界最大の海水プールだった。毎時七〇〇〇トンの強力なろ過装置で、絶えず海水を浄化していた。プールの深さは、浅い所がゼロセンチ、真ん中の深い所でも一五〇センチだから、誰でも泳げ、しかも東京から一番近い、一番きれいな海と会社側は自負していた。（口絵）

これに隣接して縦五〇メートル、横二五メートルと、直径三〇メートルと四〇メートルのメガネ型円形の二つの淡水プールがある。ビーチレストラン、売店、海の家休憩所もあった。

ゴールデン・ビーチでは、一度に一〇万人の人が遊べるといわれた。さらにビーチの前方には、約三〇〇万平方メートルの海岸を整備して、一般に開放した。遠浅であるため、潮干狩り、砂遊びを楽しむことができた。六月から九月までの三カ月に、一〇〇万人以上の人がこの海岸を利用した。オールボート、モーターボートもあった。

インタビュー
「食べる暇もないくらいでしたが、楽しかった」

船橋ヘルスセンター舞踊団に所属されていた斎藤幸子さんに当時のことを伺った。

＊

私は船橋ヘルスセンターの舞踊団の四期生で、昭和三四年（一九五九）に入団しました。一七歳でした。それから一〇年近く働きました。ヘルスセンターには、専属の芸能部員として舞踊団と、少女音楽隊という吹奏楽団がいましたが、みな朝日土地興行株式会社の社員でした。最初の頃は技芸員といって、日舞の名取の方などを中心にした舞台だったんですが、舞踊団ができてからは、日舞に加えて、ダンスやバレエなどの洋舞、それからタップダンスとかフラダンス、ミュージカルなどもやるようになり、私たちは「花の四期生」なんて呼ばれていました。二〇人募集のところに一〇〇人以上応募があったんです。同期には地元船橋の出身者はいなくて、遠くは九州や北海道からも来ていましたね。

入団後三カ月は研修生で、基礎をつくるレッスンでした。厳しかったですよ。先生がステッキを持って、みんながそろわなかったりすると、ビシビシ叩《たた》くんです。みみず腫れになるくらい。今なら問題になるんじゃないかしら。でも私は小さい頃から踊りが好きだったんで、入っ

船橋ヘルスセンター
夏の踊り

たからにはトップになろうと、がんばって猛練習したものです。

実は、フラダンスはヘルスセンターが日本での発祥の地といわれているんですよ。それから、ハトヤさんや常磐ハワイアンセンター（現・スパリゾートハワイアンズ）などにも広がっていきました。今のＩＫＥＡ（イケア）のあたりにプールがあって、プールサイドでフラダンスを踊るんです。でも昔なんで、あまり肌は見せられなくて、腰蓑《こしみの》をおへそを隠すところまで着けてました。マニキュアも赤は駄目でね。

お正月には初春踊り、夏には沖縄の踊りとか、いろいろやりました。歌舞伎もやりましたし、ラインダンスは松竹歌劇団まで習いに行ったりしたんですよ。今の皇太子さまがお生まれになった年には、誕生を祝したショーの演目などもあって、私は入ったばかりでしたが、桜の精を演じたのを覚えています。

そういう演《だ》し物の企画も丹沢善利社長みずからと、あと野尻さんという方とでされていました。社長は、しょっちゅう踊りも見にきました。黄色い帽子をかぶって、腰に手ぬぐいを下げて、客席の一番前で見ているんです。

ヘルスセンターから続く商店街に二階建てのビルがあって（現在は四階建て）、一階は土産物の店舗で、屋上はローラースケート場になっていたんですけれど、その二階に寮がありました。部屋の中を掃除しても、厳しい先輩からは髪の毛一本落ちていると叱られたものです。階段を上るときも先輩が先。日舞のときの白塗りをきれいに落とすのも後輩の役目で、付き人のように働きました。でも、同じ部屋の仲良しの同期が、木更津の実家に休暇で戻ったときに、お母さんお手製の太巻き寿司をお土産に持って帰ってきてくれたりしてね。

ヘルスセンターに勤めている人の中には、だんなさんを早くに亡くして子育てしていらっしゃる女性もいて、そういう場合は、子どもがヘルスセンターから学校に行って、学校からヘルスセンターに帰ってきて、お風呂に入ったり、従業員食堂で食べたりして、みんな家族みたいでした。

お客さんはたくさん入りましたよ。全国からバスで押しかけてくるんですが、道路が渋滞して、途中から歩いてきたり、客席だけでは足りずに、トイレの前にゴザを敷いて見ている人もいました。毎日のように通って来られるお客さんもいましたね。

一日に何度もいろいろな舞台があって、仕事を終えてからもお稽古や自主練習をしていたので、毎日三時間しか寝られないほどでした。それでも芸を磨きたくて、舞台のお化粧のまま、サングラスをかけて日舞のお稽古に行ったりしていましたね。食べる暇もないくらいで、ご飯にタクアンの千切りをのせて、そこに水をかけ、かきこむようにして食べては、また踊りました。お休みも年二回くらいでしたが、そんなときも仲間と連れ立って歌舞伎やお芝居をはしごしたりして、演技の研究をしながら過ごしていました。

でも好きな仕事でしたし、とにかく楽しかった。お給料も大卒の新入社員の月給が二万円くらいだった時代に、ずいぶんもらっていました。社長が葉山マリーナにお部屋を持っていたので、そこにみんなで連れて行ってもらったこともあります。隣が加山雄三さんの部屋で、加山さんと一緒にプールに入ったこともあるんですよ。


（平成二六年一二月九日、船橋にて）

船橋を埋め立てろ！

時代は「大量生産・大量消費」に向かって、本格的に動き始めていた。まさにそんな高度経済成長の黎明期にヘルスセンターは開業したのだ。

東京にほど近い船橋市では、戦前から埋め立て事業が行われていたが、戦後、昭和二三年頃から、いよいよ本格的に内湾の埋め立て事業が計画されるようになる。当時の市長は松本栄一。近代的商工都市として発展させるため、船橋の海に面した大神宮地先の一一万坪の埋め立てに着手したのである。

昭和二六年、計画は次の高木良雄市長に引き継がれた。翌二七年、高木はガス井戸の掘削に成功し、天然ガスを活用して工場を誘致しようと図る。しかし誘致はうまくいかず、ガス井戸から湧き出る二三〜二四度のぬるま湯を温泉にしようと考えた。

相談を受けたのは千葉県選出の代議士、千葉三郎。温泉をつくってくれれば、残り一〇万余坪の埋め立ての権利を委任すると、市は提案した。そこで千葉は社団法人船橋ヘルスセンターを設立。今後の埋め立てと温泉運営の調査立案を進めた。

設立時の主な役員としては、名誉会長高木良雄（船橋市長）、顧問柴田等（千葉県知事）、理事長千葉三郎（民主党顧問）、常務理事津村亀吉（船橋市商工課長）、理事友納武人《とものうたけと》（千葉県副知事）、同・吉田秀弥（京成電鉄社長）、同・曾志崎誠二（第一信託銀行社長）、同・松丸松五郎（船橋市市議

会経済委員長）、相談役南俊二（大阪造船所社長）、菊池寛実《ひろみ》（高萩炭鉱社長）、斎田高三（日本火災海上保険社長）といった名前が並ぶ。

しかし、宝塚歌劇団を創った小林一三《いちぞう》に相談したところ、これは容易ではない、代議士の片手間では無理だと言われる。社団法人では経営不可能だと判断した千葉は、昭和二七年一二月一四日、丹沢善利《たんざわよしとし》を事務所に呼び、ヘルスセンターの事業化について相談をした。

丹沢善利は明治二四年（一八九一）、山梨県西八代郡市川で代々庄屋を営む名家に生まれた。中央大学在学中に父が急死する。儲けを米相場に投じて失敗した心労ゆえだった。そのため大学を中退して二代目善利を継承、家業の売薬業「生盛薬館」を継いだ。やがて、満鉄総裁となった山本条太郎の勧めで南方貿易を手がけるようになる。そしてジャワ島に渡ったとき、第一次世界大戦が勃発する。大正六年、鉄の暴騰に着目、山本からの指示もあって、軍需用のくず鉄集めに乗り出す。炭鉱、製鉄、タングステン、海運業へと手を広げ、巨富を得た。それが二六歳の時である（鍋島高明「日経電子版」）。昭和二年の金融恐慌時には、若尾同族会社の専務として渡辺銀行の危機に奔走。昭和一一年には後楽園スタヂアムの創立にも参加している。もしかしたら、このあたりがヘルスセンター構想の遠因になっていたのかもしれない。ほかにも満州にビール工場をつくったり、いろいろな事業に手を出しては成功したり失敗したりしていたようだ。

戦後は占領政策によって薬の直販が制限されたため、もともとの売薬業を細々と営んでいたらしい。しかし、ふとしたきっかけから、埋立事業をやりたいと思ったようだ。そのきっかけが何なのかは、文献からはわからない。戦争に負けた日本をもう一度発展させるには、国土を広くすべきだと直感したのかもしれない。そう思っているところに、船橋の埋め立ての話がやってきた。千葉が、このような仕事は丹沢が向いている、と思ったからである。

丹沢は「ただちに皆で現場に行こう」と出かけ、木製護岸の上に立って海面を眺めたり、砂の上をあちこち歩いて回ったりした。天然温泉の源泉を見に行き、摂氏三七度のお湯が海老川に流れていくのを見て、「これはもったいない」と言ったそうだ。

二日後、千葉は東京の中央区宝町にある丹沢の事務所に呼ばれた。丹沢は、新会社は埋め立て計画を先行し、温泉浴場は後回しにすべきだと主張するが、とにもかくにも新年早々、会社設立発起人会を開催することが決まった。その発起人総会の席上で、大阪造船所の南は、「温泉場を造ることなどには、事業家として関心が持てないが、埋め立ては国家的にも有益な事業であるから、この点で丹沢を全面的にバックアップしてやろう」と言い、社名は「朝日土地興業株式会社」がよい、丹沢が社長になるべきであり、「丹沢さんがこの大仕事を引き受けられないならば、私たちは出資しない。丹沢さんがほかの事業を一切断ち切って新会社に専心していただければ、私たちは全面的に協力します」と断固主張し、一歩も引かなかったようだ。

社長就任を受諾した丹沢は、会社設立に向け東奔西走して早速出資者を集め、昭和二八年四月三日、朝日土地興業株式会社は設立登記を完了した。主な役員は、取締役社長丹沢善利、取締役南俊二、菊池寛実、斎田高三、千葉三郎、津村亀吉だった。

事務所は東京にある丹沢事務所の奥の一室が用いられた。船橋にも現地事務所が置かれたが、それは市の水防小屋を改造したもので、天井なしのトタン屋根、窓は高窓が一つだけ、広さは二坪のみ、という有りさまだった。まわりは埋立地の砂漠で、強風のときは砂嵐の中の孤島のようであったという。何度目かの現地視察で、丹沢は、「荒れ放題になっている七千坪のちっぽけな造成地の遙か彼方に、茫々と拡がる太平洋の海面を見やっているときに、私の胸中に何かが力強く湧きあがってくるのを感じた」と述べている。

だが、南や菊池は「猫の額のような小さな土地に小規模な温泉浴場を建設しても、所詮は『銭湯』に毛の生えた程度の温泉宿で、亀戸の繁華街に在った亀戸温泉か又は、東横沿線の綱島温泉の如きもので、下手をすると『赤線』になりかねない。さようなものに投資する気は全くないし、仮にも財界の相当な顔ぶれを以て設立した会社の体面上許せない」と丹沢に迫った。まだ、娯楽、レジャーの社会的地位が低かったのである。男子一生の仕事は埋め立てではあっても温泉ではなかった。

しかし市は、温泉をつくることが条件で埋め立ての権利を与えたのだから、「温泉場を先に造って、会社の実行力を示してもらいたい」と譲らない。丹沢は「埋め立てができたら大規模な温泉を造るのだから、それまで待ってほしい」と懸命に説明に努めるが、市は納得しない。そこで丹沢は「当時としては豪華すぎる」と思われた、現在の新船橋橋をつくり、将来の大計画を誇示することで、ようやく事態を沈静化した。

右：完成した護岸と遊歩道（昭和 29 年頃）
左：新船橋橋建築に着工する事務所

こうして昭和二九年（一九五四）九月、一一万坪の埋め立てが完成した。それから船橋ヘルスセンターの建設に着手し、翌三〇年一一月三日にセンターは開場を迎えた。さらに朝日土地興業株式会社は、ヘルスセンターの対岸五〇万坪の工業地帯、遠藤浜一一万坪、ヘルスセンター地先の一八万坪の埋め立てを開始したのである。

男も女も子どもも楽しめる娯楽場を

これでもか、これでもかとエネルギッシュに増殖しながら、ヘルスセンターは巨大レジャーランドへと発展を続けていった。まさに、娯楽の大集合、ごった煮である。

新しい施設ができたかと思うとすぐに改装、改造が次々と行われている。そのバイタリティは、言葉は悪いが「狂ったように」という表現がふさわしい。まったくクレイジーなのだ。月並みな言い方だが、まさに高度経済成長期そのものの熱気であったとしか言いようがない。

船橋ヘルスセンターはあまりにも大衆的であり、あまりにも欲望に溢《あふ》れ、あまりにも混沌としていた。ローマ風呂が男女混浴というのも現在では考えられないが、そもそも江戸時代の銭湯は混浴だった。何度か禁止令が出されていたが、明治の世に移り、幕府以来の旧弊として政府が取り締まりをはかっても、長年の風習はなかなか変わることがなかったという。実際に混浴がなくなっていくのは、明治も半ばになってからである。昭和三〇年代の日本人の感覚はまだ江戸時代に近かったのか。プライバシー、羞恥心《しゅうちしん》の観念もおおらかだったのであろう。

当初、計画段階においては、「こんな砂漠の真ん中みたいなところに温泉場を造ったって、お客なんか来るものか」と、地元の人々からの人気は散々だったという。「当時の大方の意見は、『埋立地に温泉を造るのだから、結局、赤線化か、青線ていどの歓楽境にするより仕方がなかろう。それが繁栄の唯一無二の方法である』というようなもの」だった。丹沢が文化的で清潔な街を造るなどというのは「カモフラージュ」だと広言する者もいた。

一方で、「市の繁栄のためなら、青線だって構わないではないか。すでに市や国でも競馬や競輪など賭博類似行為で財源を作っている」という意見もあった。丹沢自身、青線化が埋立地を「賑わす一番の早道かと思わぬでもなかった」が、「元来、潔癖であり理想主義者」でもあり、こうした雑音には耳を貸さなかったという。

さらには、青線化しそうな温泉場の建設に反対する勢力も現れ、婦人会に呼びかけて「絶対反対」の決議文をつきつけてくる。まさに四面楚歌《しめんそか》、「白眼視」されながらも、丹沢は「真の大衆慰安を目的とした新形式」のヘルスセンターの建設を目指した。

ちなみに「赤線」とは、警察署が売春行為を許容、黙認する区域を特殊飲食店街（特飲街）として地図を赤い線で囲んだため、そう言われる。昭和三三年四月の売春防止法施行まで存在した。また、特殊飲食店の営業許可なしに一般の飲食店の営業許可のまま非合法に売春行為をさせていた区域は青い線で囲まれ、「青線」と呼ばれた。船橋にも青線があり、売春防止法の施行以前だったので、ヘルスセンターも青線化するのでは、と考えられたのであろう。

逆に言えば、娯楽と言えば売春という時代だったということでもある。映画、演劇、パチンコもあったが、「遊ぶ」といえば、まず男が酒を飲んで女と戯れることを意味した時代だったのであろう。女性が遊ぶとすれば芝居見物くらいであり、それとても、忙しい庶民階級の女性が頻繁に楽しんだとは思えない。まして家族揃って遊ぶとか、老若男女が一緒に遊ぶ、などということは庶民にはなじみの薄い時代だったのだろう。そんななか、丹沢が目指したのは、男も女も子どもも一緒に平等に楽しめる「娯楽の殿堂」だったのだ。

昭和三一年七月頃のヘルスセンターのパンフレットにはこう書かれている。

「こゝは然し所謂歓楽境ではありません。こゝは飽くまでも大衆のための保養場であり、健全な娯楽場として造られた施設です。料亭でなさる乱痴気騒ぎや折花攀柳《うわき》沙汰をなさる場所では決してありません。（中略）『歓楽極まって哀愁多し』というような遊び方は、休養どころか、かえって健康を害うのは当然でしょう。こゝは明日の仕事のエネルギーを蓄えるための本当の安息所ですから、他のみなさまの迷惑になるようなお遊びは、どうぞそれにふさわしい別の遊び場へお出掛け下さい」

また、市側としても「貧弱な市の財政を救うと共に、海岸を埋立てることによって、ザッと一千世帯の漁民が離職するため、その連中に職を与える」、すなわち雇用の確保という面でも、ヘルスセンターに期待するところは大きかっただろう（三鬼陽之助『財界千夜一夜』）。「連中」とはまたすごい言い方だが。

船橋市長の高木良雄は、その開業に先立ち、次のように述べている。

「ご承知のように競馬場が隣接している所であり、谷津《やつ》遊園地がありますので、これらと関連して東京都人の観光の場所とし、併せて工員のレクリエーションの中心となるような企てをしたのが、このヘルスセンターであります。（中略）これは競馬やその他のものとちがいまして、一年中四季を通じて利用されますので（中略）船橋市発展の中心ともなると考えるのであります」

（「船橋市広報」一九五五年三月号）

裸の民主主義

だが、丹沢の思い描いた温泉場は、単に豪華さを競うものではなかった。

「現実の温泉場は、ますますデラックスな建物が群立するばかり、いつしか素朴な温泉場は歓楽境と名を変え、大衆が気楽に安直に清潔に憩える温泉が少なくなってしまいました。

そこで私は、どうしたら貴賤貧富の別なく、すべての人が赤裸々な人間になって、浮世の苦労を忘れ、慰め合い、いたわり合う、いわば天国のような温泉が造れるか、と考えました。

それはただ形式の問題でなく、精神的にも徹底したものでなければなりません。お客に差別をつけず、人間平等の天理に則り、長幼の順序を守る理想郷を樹てるためには、そこに働く人々もそれに徹しなければならぬということであります。従業員全員が〝人間愛〟で結びつき、奉仕の精神で一貫するのでなければ、そんな天国のような雰囲気が生まれるはずはないのであります」
（丹沢善利『自照』）

明治二四年生まれの丹沢は、大正デモクラシーの時代に二〇代を迎えた世代である。そういう世代の社会改良主義的な精神がこの一文に表れている。

「ワンマン社長だった丹沢は、船橋ヘルスセンターに、自らのレジャー観を最大限に反映させ、当時の考えうる限りの娯楽を盛り込んだ」と、内田忠賢《ただよし》（現・奈良女子大学教授）は論文「高度経済成長における『娯楽の殿堂』と『昭和の怪物』たち」の中で述べている。

「国のため、社会のため、そういうことでないと、あたくしは事業欲がわかないのです。（中略）あたくしは、むかしから、民衆というか、たいしゅうの望むところと、一緒に歩む仕事に、興味がある人間なんです」

「はにかんだり、気を使ったりしないでいられる…ということが、大衆娯楽には大切です」

「人間はハダカになれば、貴賤貧富の差はありません。だれでもおなじに楽しめなくてはいけません」

（「10億円をかせぐハダシの商法　船橋ヘルスセンター　丹沢善利という男」『週刊文春』一九六一年四月一〇日号）

こうした丹沢の発言に、娯楽が民主主義の証であると考えられた時代があったということを感じざるを得ない。

大劇場のます席。ステテコ、ランニング姿が思いのままにくつろいでいる

冒頭で紹介した三浦朱門の記事にあるように、ヘルスセンターは、風呂から売店、食堂、ゲーム場へと、また風呂から舞台、広間へとつながり、いたるところに廊下ともホールともつかない場所があった。それは都市の街路が迷路のように広がり、そこに広場があるイメージである。都市の自由と広場の自由。それを日本人が求めた時代があったのだ。それを娯楽の殿堂・船橋ヘルスセンターが実現した、と言ったら言い過ぎか。

開高健も、先のルポで次のように触れている。

ある夜、開高は三島由紀夫邸でのパーティーで、アメリカの出版社クノップ社のハロルド・ストラウスと出会う。ストラウスは親日家で、和歌山の南紀白浜と船橋ヘルスセンターに行ったことがあるらしく、白浜も船橋も気に入ったという。そして、「たいへんな勇気をふるって素ッ裸《ばだか》になって友人と二人で公衆浴槽《よくそう》にはいった」ときの様子を話してくれた。

そこで、開高は彼に言う。

「民主主義は戦後になってはじめて日本に輸入されたものだとみんないうけれど、とんでもない。銭湯には日本の民主主義があります。私たちは風呂桶《ふろおけ》のなかで民主主義の内容を理解していたし味わってもいたと思いますよ。

ただ私たちの民主主義はざんねんなことに風呂桶のなかだけであって、政治にはつながらなかったのです。銭湯は長い伝統を持ちますから私たちの民主主義もまた歴史が古い。銭湯を舞台にした小説もとっくの昔に書かれています。銭湯こそは日本民主主義の起源ですよ」

話を聞いていたストラウスはポケットから手帳を取り出し、メモをとりながら言う。

「あまり聞いたことのない意見だけれどおもしろいですな。たしかに銭湯は民主主義の一つの形式です。徹底的な平等がある。あの雰囲気《ふんいき》には注目すべきものがあります」

（「日本人の遊び場」13『週刊朝日』一九六三年九月二七日号）

最盛期には年間四〇〇万人が来場したという船橋ヘルスセンターは、実際どの程度人々に認知され、どの程度の好感度を持たれていたのか。

昭和三六年にニッポン放送が東京二三区内の主婦などに調査したところ、船橋ヘルスセンターを知っていた人は六五％だった。しかし、二年後の三八年の東京放送の同様の調査では、知っていた人が九一％だった。この二年間でぐっと知名度が上がっている。

また東京放送の調査では、行ったことがある人は三八年で三九％。特に江東、墨田、荒川、足立、葛飾、江戸川区の在住者では六二％が行ったことがあった。やはりかなり下町型の施設だったことがわかる。対して、新宿、中野、杉並、渋谷区で行ったことがあるのは二五％だけ。千代田、台東、中央、港、目黒、世田谷、大田、品川区でも三割程度。概して山の手地域では行ったことがある人が少ない。もちろん距離的に遠いからである。しかし、それだけではあるまい。ヘルスセンターを知っているのに行ったことがない人は、ヘルスセンターを「やぼ」だと思っている人が二三％いた。老人向きだと思っている人は六三％。そういう人は、もっと若々しい、しゃれたレジャーを求めていたのだろう。

同じく東京放送の調査で、ヘルスセンターで何を見たかを尋ねると、一位は踊りで七一％、次が歌謡曲四四％、第三位がなんと素人とび入りのど自慢で三三％だった！　永六輔も驚いた素人芸は大人気だったのだ。それから曲芸が二五％、音楽隊が二四％、漫才が二一％、奇術が一九％。こうして見るとヘルスセンターの娯楽の基本は、ただ見るだけの娯楽よりも、歌って踊って自分も参加、というところにあったことがよくわかる。そういう意味では、近年のカラオケブームの先駆けだったと言えないこともない。ただし、ヘルスセンターでは密室の中で仲間内だけで歌うのではない。舞台の上で大衆の前で歌うのだ。その泥臭さとか熱気が、いかにも大衆の欲望の解放の時代らしい（小林太三郎「大衆の中のレジャー産業――船橋ヘルスセンター」『電通広告論誌』一九六三年一〇月号）。

クレイジーなエネルギーの爆発

先ほど、ヘルスセンターはクレイジーだと書いた。私はヘルスセンターの資料を見ながら、開業から数年のものすごいエネルギーを感じながら、まるでクレージーキャッツの映画のようだと思った。まったくハチャメチャだからだ（若い読者のために言うと、クレージーキャッツは一九六〇年代に一世を風靡《ふうび》したコミックバンドで、リーダーはハナ肇。最も人気があり有名だったのは植木等。そのほか、谷啓、犬塚弘、石橋エータロー、安田伸、桜井センリらがメンバーだった）。

ところが資料を調べていると、本当にヘルスセンターは、クレージーキャッツの映画の舞台になっていたのだ。しかも二度も。

一度目は昭和三七年の『ニッポン無責任野郎』。植木等演ずるサラリーマンが、自由が丘や成城学園を走っていると、ある男性（ハナ肇）にぶつかった。ぶつかったことをきっかけにハナの会社に就職（この辺の展開はまさにスピーディかつ無責任）。さっそく同じ部署のOLを射止め、日比谷にあるフランク・ロイド・ライト設計の帝国ホテルで挙式。外車に乗って新婚旅行に出かける。誰もがどこか遠くへ旅行に出かけたと思ったが、角を曲がって見送りの人びとが見えなくなったところで、二人は車を降りる。そして、「デラックスな新婚旅行、連れてってやるから！」と向かったのが船橋ヘルスセンターなのだ。

ヘルスセンターで、ハワイのワイキキの浜辺をイメージしながらボート遊びを楽しみ、パリの凱旋門を模した建造物を眺め、アルプスに見立てた人工スキー場を滑走し、世界一周旅行気分を味わう——それが新婚旅行代わりだったのだ。最初は不満顔だった新婦も次第にその気になり、「ねぇ、今度はインドに連れてって！」と言い出す。そして実際、二人は模型のインド象に乗ってセンターの中を遊覧する。

二度目は昭和四一年の『日本一のゴリガン男』。ここでは植木が会社の営業担当として、取引先とその家族数千人をヘルスセンターに招待する。さまざまなショーを植木とその上司とダンサーたちが繰り広げ、往時のヘルスセンターもかくありなんと、想像することができる。

今、若い人がこれらの映画を見ても、単なるフィクションだと思うだろう。高

映画『ニッポン無責任野郎』で
新婚旅行の舞台となった遊園地

度経済成長期を知っている私もフィクションだと思っていた。しかし船橋ヘルスセンターを調べているうちに「これはフィクションではなかったんだ!」と思うようになった。もちろん映画には誇張があるとはいえ、ノリとしては映画と同じ、後先考えずに突き進む行動力、さらにいえば、当事者には失礼だが、調子のよさ、そんなものが感じられるのだ。

失われた海

しかし、船橋ヘルスセンターは、昭和四〇年代半ば以降、海水プールや劇場などを除いて各施設の客足が減少し始めていた。その背景としては、一般家庭に風呂やテレビが普及したこと、高速道路や新幹線の普及で温泉地まで行きやすくなったこと、海外旅行や長期旅行などレジャーが大型化したことなどがあった(『レジャー産業・資料』一九七七年二月号)。いわば、マイホームとマイカーの普及がヘルスセンターという擬似コミュニティ施設を不要としたのである。

先述した植木等の映画でも、昭和三七年の『ニッポン無責任野郎』はとてつもなくスピーディで面白いが、四一年の『日本一のゴリガン男』はもうなんだかマンネリ化していてつまらない。それはヘルスセンター自体のマンネ

船橋ヘルスセンターの上空写真の変遷
右から順に昭和 22 年、昭和 36 年、昭和 50 年
(国土地理院提供)

リ化でもあったのだろう。

丹沢自身も書いている。

「最近の船橋ヘルスセンターはどうでありましょうか。果して、かつて各誌が報じたような雰囲気が、現在もなお漂っているでしょうか。（中略）家庭の『茶の間の延長』という気分も『お里帰り』の楽しさも消え失せ」、「マンネリ化」したのではないか、と昭和四二年に刊行した自著『自照』の巻末で危惧しているのである。

『レジャー産業』一九七〇年一二月号には、ヘルスセンターの「発展的解消説」についての記事が掲載されている。その頃はもう三井不動産がヘルスセンターの親会社となっており、その三井不動産と京成電鉄が埋立会社オリエンタルランドを設立、浦安地区の埋め立てをほぼ完成していた（言うまでもなく、昭和五八年、そこに東京ディズニーランドができる）。

戦後の娯楽の殿堂、船橋ヘルスセンターは、こうして昭和五二年に幕を閉じた。その跡地には、五六年、巨大ショッピングセンター「ららぽーと」ができた。以来、ショッピングセンターとテーマパークが千葉県湾岸の顔になっていったのである。

ヘルスセンターであれ、オリエンタルランドであれ、高度経済成長期独特の精神というものは、自然環境には無頓着だった。自然は開発する対象であ

り、守るべき貴重なものだという考え方は、当時はなかった。

東京湾は、徳川家康が入城した頃は、利根川、荒川、渡良瀬川などが流れ込む大湿地帯だった。船橋でも、戦後の埋め立て以前は、干潮時には四キロ先まで干潟ができた。

「広大な干潟の砂州《さす》を潮が上げ下げする。そのとき、海表面と砂州から酸素を効率よく吸収することで水中に酸素が溶け込み、生物が暮らしやすい豊かな海ができるってことなんだ。そこでカニ、シャコ、エビなんかいくらでもうまいものが獲《と》れた。もちろん、沖に出ればスズキとか。最高の漁場だったんだ。だからこそ家康は船橋の魚と行徳の塩を幕府に納めさせたんでね。家康の別荘（船橋御殿）もあった」と地元で代々漁師をしている大野一敏さんは言う（第六章参照）。

「ところが干潟を埋め立てて、川はコンクリート護岸に……。時代とはいえ、もう少し違うやり方はなかったのか。ヘルスセンターだって、ららぽーとだって、海に背を向けて、壁の中で遊んだり、買い物をするだけだ。サンフランシスコのフィッシャーマンズワーフみたいに、もっと海のほうを向いたつくりにしてほしかった」

今なら誰でもそういう施設を構想するだろう。海や川などの水辺と親しみながらひとときの癒しを求める。都会に暮らしながら自然を求める。可能ならば、自然をできるだけ残す。そういう価値観が今は広がっている。

だが、皮肉なことに、当時はそうした価値観がなかったからこそ、ヘルスセンターのような歴史に残る娯楽の殿堂がありえた。少なくとも、軍事施設でも原発でもない、庶民の楽しみのための施設がそこにあった時代をよろこび、懐かしむべきかもしれない。

第二章

下町に花開いた庶民の遊び場

江東楽天地

噴水キャバレー現る！

「床面積約八百二十五平方メートル、高さ約十メートルの吹き抜けの空間に、約百二十のテーブル。ショータイムには、ダンスフロアの床が横にスライドして、下から三つの噴水とステージが現れ」た。「ショーは一晩に三回。十数人の専属バンドの奏でる音楽に乗って、噴水をバックにショーガールが踊った。女剣劇の浅香光代、奇術の初代・引田天功、歌手の藤圭子といった往年のエンターテイナーが活躍。女装のゲイボーイも登場した」「二十本入りのビールの箱が一晩で六十から七十箱もはけた」「最初の七、八年は毎晩のように満員で、席が空くのを待つお客さんの列ができ」た。「ホステスは最多で二百人近くいた。店には常時百人ほど出ていた」「客から催促されて、ホステスがいくつもの席を駆け回るから、マラソンキャバレー」とも呼ばれた。客は「活気みなぎる高度経済成長を支えた下町の中小企業のだんな衆」。ある社長は「週末以外はほぼ連日通った」、「仕事で疲れた自分を気持ち良く家に帰してくれた」と述懐している。

（『東京読売新聞』一九九九年九月二七日付）

これは昭和三五年（一九六〇）、楽天地にできた東京一の豪華さを誇る噴水キャバレー「グランド・フォンテン」のエピソードである。キャバレーは毎晩押すな押すなの大盛況だった。「ショーの合間は、ステージをダンスホールに戻し、ピンク、白、オレンジなど色とりどりのチャイナドレスを着たホステスが、マンボ、ルンバ、ブルースなどの生演奏で客とダンスに興

じた。ホステスはみな、噴水をデザインした銀のネックレスを着けていた」（前掲）

どうしてこんなキャバレーができたのか。それはまた後で述べる。キャバレーだけではない。あらゆる娯楽を詰め込んで、東京は錦糸町にできた娯楽の殿堂。それこそが江東楽天地（現・東京楽天地）だった。

楽天地ビルは、秋葉原からＪＲ総武線でたった三駅の錦糸町駅前にある。株式会社江東楽天地が設立されたのは昭和一二年（一九三七）一二月。設立者は阪急阪神東宝グループをつくった男、小林一三である。小林は関西で阪急電車、沿線住宅地開発、そして宝塚大劇場などを成功させ、その鉄道沿線開発モデルは東京でも模倣されていた。高級住宅地・田園調布、そして船橋ヘルスセンターでも、開

昭和初期東京の機械工場分布図

山本三生編『日本地理大系 第三巻 大東京篇』より転載

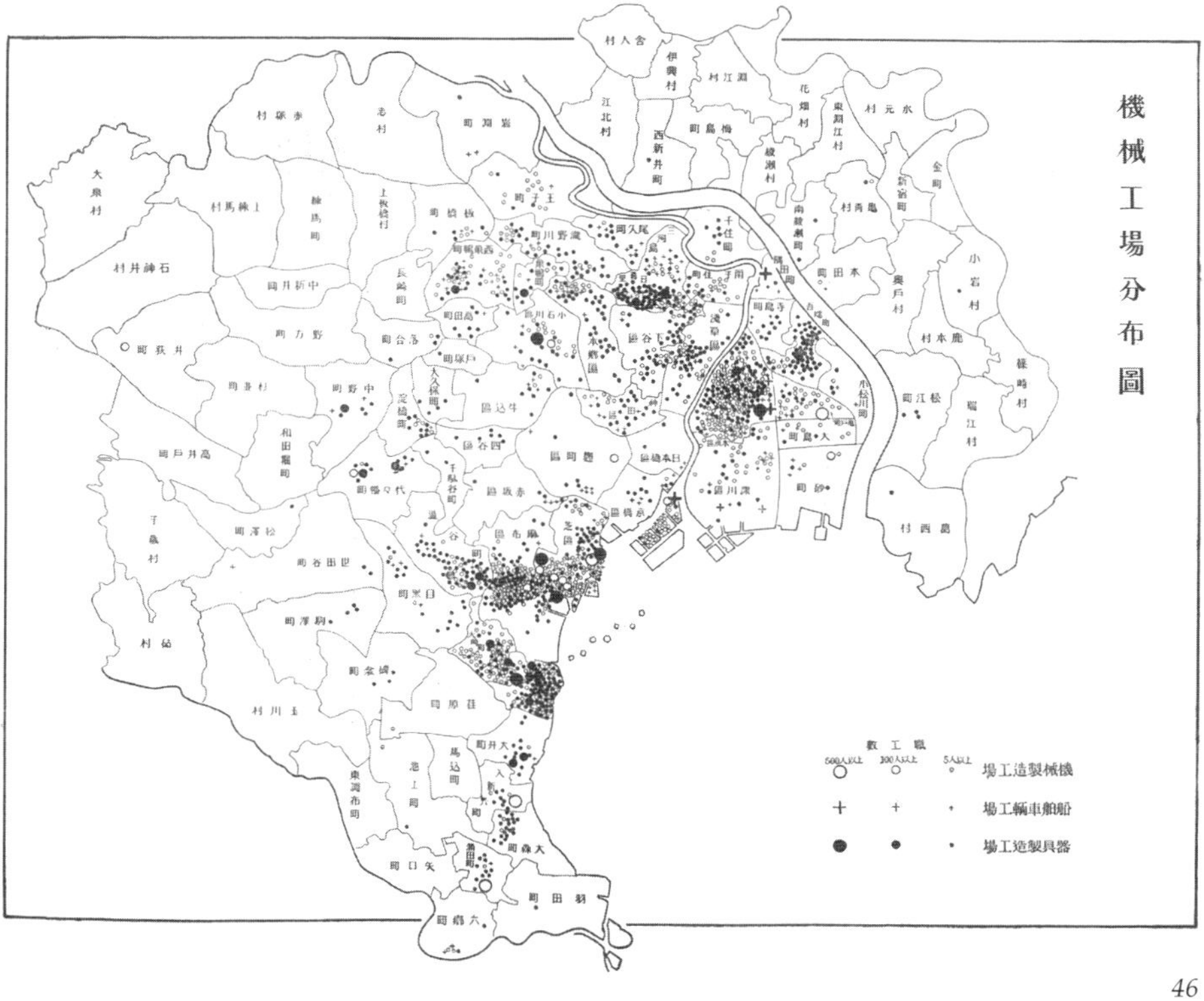

発当初、小林に相談をしていたことは前章で書いた通りである。

小林は東京の有楽町に昭和九年（一九三四）に東京宝塚劇場を開場、さらに日比谷映画劇場、有楽座などを次々と建設し、それに近接する空き地やビルを片っ端から買い漁《あさ》り、一大娯楽街化を進めていた。小林は「花柳界を対象としない、家庭を中心とした、しかも適正で安直な観覧料による大衆のための演劇を目指して」いた（『東京楽天地25年の歩み』、以下『25年』）。

その時代の常識では、劇場は花街にあるべきもので、映画館は商店街にあるべきものだったそうであり、だから、ビジネス街である有楽町にそれらをつくるなどということは、普通には到底考えつかないことだった。

東京宝塚劇場のつくられた場所も、以前は東京電燈（現・東京電力）の倉庫であり、夜は追いはぎが出そうな寂しい場所であって、こんなところに劇場をつくるなどとは、狂気の沙汰と思われていたというから、今からはまったく想像できない。

そして小林は、有楽町の娯楽街化を進めつつ、今度は下町の江東地帯（当時は本所区）の錦糸町駅前にまたしても娯楽街をつくり始めたのである。

錦糸町という場所は「大小無数の工場はここを中心として群在して居ると云う絶好無二の地点」であり、「急激に発展しつつある工場地帯、日本産業の原動力となりつつある江東地帯に、働く人々のために」「設備のよい清く明るい娯楽を与えようと、奇想天外かつ有意義な構想を実現せんとしたのである」（『25年』）。

寂しい下町に冷暖房付き大劇場

前述したように、今とは違って、娯楽とは花柳界、花街に属するものであって、あくまで夜のお遊びであり、いやしくも産業界の男子が一生の仕事とすることは考えられなかった。しかし、そうであるがゆえに娯楽が放任され、ややもすれば暗い影がつきまとうものになりがちであり、眉をひそめるような悪弊が生じやすいと思われているのでは、と小林は考えた。

「そういう非難を受けないように、私達の理想である清く、正しく、美しく、御家族打連れてお遊びの出来る朗らかな娯楽地域を、国民大衆に提げることは『食うものは働かざるべからず』『働くものは憩ざるべからず』『慰安は生活の要素也』という主意からも必要と信じ」、小林は会社設立を決意したのであった（『25年』）。

国民大衆、労働者階級のための健全な娯楽施設という観点は、船橋ヘルスセンターと同じであり、大正モダニズム、大正デモクラシー的な社会改良主義が感じられる。「今回の事業は社会政策的意味に於ても、極めて有意義」である、と小林は述べている。

また、「必ず近い将来」に、日比谷、有楽町という「ビジネスセンター」と、江東地域という「工場センター」の二つの場所にできる娯楽街が「相俟って立派な業績を挙げ得るに至る」とも小林は述べており、彼の中に独特の都市論、将来の東京像があったことがうかがえる。

こうした将来の都市像、東京像を描く能力というものは、不動産業界のみならず、どんな業界であっても、偉大な経営者には必ず備わっている能力ではないかと私には思えるが、最近は財界人も小粒になり、ほんの数年後のオリンピックに向けてですら、マンションを建てよう、ホテルを建て替えようといった小さな話ばかりが聞こえてくる。自分の会社の利益のためにビルを建てたい人間以外に、東京の将来を語る人も少なくなったようだ。

小林の野望は、昭和一二年（一九三七）一二月に早々に実現する。錦糸町駅といっても、当時は二、三両編成の電車が走っていただけの寂しい場所だった。そこに、定員一五〇〇人、なんと冷暖房付きの映画館が二つ、本所映画館と江東劇場が完成したのである。

映画館の多かった浅草にもその他の地域にも、冷暖房付きの映画館はなかった。ただ日比谷と錦糸町だけにそれができたのである。

さらに翌一三年四月には吉本興業に賃貸した江東花月劇場も開館。遊園地、大食堂、仲見世（商店街）、スポーツランド、喫茶店も開業する。夏には遊園地で江東お化け大会が開催され、大人気となり、昭和一八年まで継続した。一四年には大弓場ができ、江東劇場では東宝映画の上映だけでなく、日劇ダン

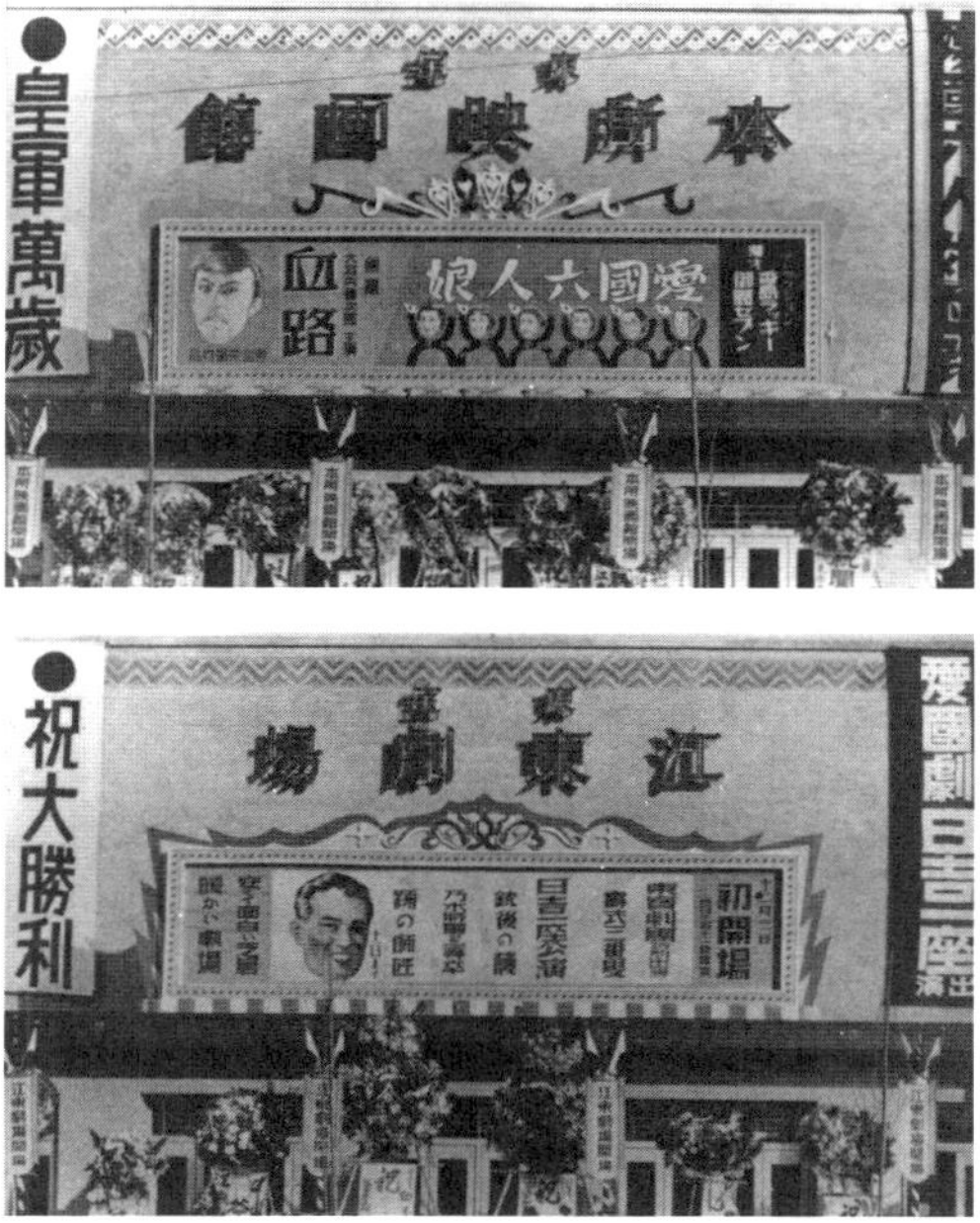

開業当時の本所映画館と江東劇場

シングチームが初出演している。一五年には遊園地でサーカスが開催、というように次々といろいろなイベントが企画され、それぞれに好評を博した。

昭和二〇年の東京大空襲により、楽天地も本所映画館を除いて焼失した。だが翌年一月には早くも江東劇場を再建する。二二年には東京宝塚から那波光正が楽天地の専務として就任、戦後の楽天地をさらなる発展へと導いた。

那波が着任したとき、錦糸町は「一面焼トタンのバラックの海」、「駅前広場は不法占拠の甘辛横丁といってこわくて足も踏入れられな」かったという（『25年』）。これでは楽天地復興もままならなかったが、那波は浅草で大当たりをとっていた空気座の芝居『肉体の門』を楽天地で上演し、大成功を収めた（口絵）。

宝塚、美空ひばり……大ヒット続出

さらに昭和二三年（一九四八）からは、江東劇場で宝塚歌劇東京公演が開催された（二六年まで計八回）。越路吹雪《こしじふぶき》、淡島千景《あわしまちかげ》、久慈《くじ》あさみ、乙羽信子《おとわのぶこ》といったスターたちがやってきた。戦災にうちひしがれていた人びとは娯楽に飢えていただろうし、色鮮やかな美しい宝塚歌劇は明るい希望を人びとにもたらしただろう。かつ、宝塚の公演は江東楽天地の名を全国に知らしめることとなり、客が関東一円から大挙して訪れ、興行は毎回札止めの大人気であった。

しかしタカラジェンヌの宿舎の確保が大変だった。なんと相撲部屋を借りたこともあるというから、いかにも両国のお隣らしい。また隅田川沿いにあった大倉家の別邸に泊まったこともあった（この別邸がその後、船橋ヘルスセンターに移築され、高級中国料理店「長安殿」となったのである）。だが、豪華な別邸なら満足したかというと、さにあらず、場所が戦後の赤線地帯「鳩の街」の近くだったため、「馬鹿にしてるわ！」「小林校長先生にいいつけてやる」と不満が噴出したという。実のところは銀座まで遠いのがジェンヌたちの不満の本当の原因だったようだ（『25年』）。

昭和二四年一二月には、戦後洋画史上初となる丸の内地区以外でのロードショーとして、ＭＧＭ創立二五周年記念超大作総天然色映画『若草物語』を江東劇場で独占上映。四週間で一二万人を動員した。一週間三万人、一日平均四三〇〇人というすごさだった。

また、この映画は四人姉妹が主人公のため、映画の宣伝活動として日本の四人姉妹を募集した。一〇〇組も集

昭和 24 年の月組公演「アロハ・オエ」「暁の歌」は空前の大当たりとなった

まればいいと思っていたところ、なんと一〇〇〇組、四〇〇〇〇人も集まった（『東京楽天地50年史』、以下『50年』）。なかには群馬県や長野県から来た姉妹もあった。娯楽への渇望、アメリカへの夢、そうしたものが相まって、大量動員が可能だった時代なのである。それにしても四人姉妹が簡単に一〇〇〇組も集まるとは、当時は少子化とは無縁であった。

　これらと並行して、喫茶室「江東サロン」の開設（昭和二二年）、それをビヤホールに改装（二四年）、松竹歌劇団初公演（二三年）、国営競馬場外馬券発売所、社交ダンス教習所、錦糸町映画劇場（通称キン・ゲキ）の開設（二五年）などが慌ただしく行われている。時代の熱気、活力が伝わってくる。

　昭和二八年一月には、キン・ゲキの東側横に鉄筋コンクリート三階建ての楽天地会館が開業した。内部に子ども遊戯場、パチンコ遊技場、子ども観覧車、豆汽車などを設置。八月には楽天地会館屋上スポーツランドと地上の子ども遊園地を結ぶ空中ケーブルカーが運転開始した。こうした施策により、楽天地会館は家族連れで非常に賑わった（『江東楽天地20年史』、以下『20年』）。

　また江東劇場も本所映画館もスクリーンを日本最初のワイドスクリーンに替えて、迫力満点で人気を得た。

　同一一月には楽天地会館のパチンコ遊技場を改装し、江東地区唯一の名画特選上映館「江東文化劇場」を開場。一二月末には近隣の主婦でも誰でも仕事着のまま気楽に特選邦画が楽しめ

地上の遊園地と楽天地会館の間を結ぶケーブルカー

る「江東地下劇場」が開場した。

この年の五月から六月にかけて、本所映画館で封切られた『地上最大のショウ』は、都内封切館一六館中最高の動員を記録し、さらに一〇月、『風と共に去りぬ』は本所映画館の興行収入の新記録を樹立。翌二九年四月には子ども対象の低料金劇場「めばえ座」が開場するが、めばえ座は七月に楽天地会館に移転し、旧めばえ座の跡地は映画館リッツ劇場となった。そして五月には本所映画館に、丸の内有楽座に次いで二番目のシネマスコープ施設が完成し、シネマスコープ映画『聖衣』の特別試写会が各界の名士三〇〇〇人あまりを招いて開催され、多大な反響を呼んだ。翌日から四週間の続映で、興行収入、動員も新記録を収めた（『20年』）。このように、まったく休む間もなく次々と新しい施設がつくられたり、改装されたりしていたのである。

昭和二八年のゴールデンウィークには、江東劇場で美空ひばり公演を実施。客が十重二十重に押し寄せ、整理のために警察官が動員されるほどの「圧倒的人気で開場以来の最高成績を収めて業界の噂をさら」った。さらに二九年の正月三が日は楽天地の人出が一五万人であったが、新春公演「田端義夫ショウ」も爆発的人気で、江東劇場の動員新記録を樹立した。翌三〇年の正月の楽天地の人出はさらにすごく、興行、販売、事業の各部門とも前年比一四〇～一五〇%という好調さであり、浅草、新宿、渋谷などの「都内一流盛り場を上廻る程の盛況であった」という（『20年』）。

美空ひばり公演に並ぶ長蛇の列

温泉の登場

楽天地というと温泉、お風呂というイメージを持つ人も多いだろう。それは昭和三一年（一九五六）に楽天地天然温泉会館がオープンしたためである。

昭和二八年、錦糸町のお隣の亀戸で、ボーリング工事中に二八度近くの温泉と天然ガスが出たというニュースが流れた。ガスでお湯を沸かせばお風呂になる。亀戸で出るなら錦糸町でも出るだろう、出ればタダで温泉事業ができると、早速ボーリングに着手する。同時に、まだ温泉が出ないうちから温泉会館の設計にとりかかったというのだから気が早い。三〇年七月には設計完了、九月には天然ガス採掘工事も完了し、三一年九月にはもう温泉会館が完成した。鉄骨鉄筋コンクリート造り六階建て、延べ床面積一二〇〇坪、東京の東部五区（江東、江戸川、墨田、葛飾、足立）では客用のエレベーターが付いた初のビルだった。

内容は、一～二階が大室内温泉プール、三階が大理石大浴場、四階が談話室、五階がスチームバス（トルコ風呂）、六階が和洋大食堂と宴会場だった。何にでも「大」が付く。何事も決定が早い。大きいことはいいことだの時代、そしてスピードの時代だった。「行けー！」「掘れー！」「つくれー！」という号令が聞こえてきそうだ。

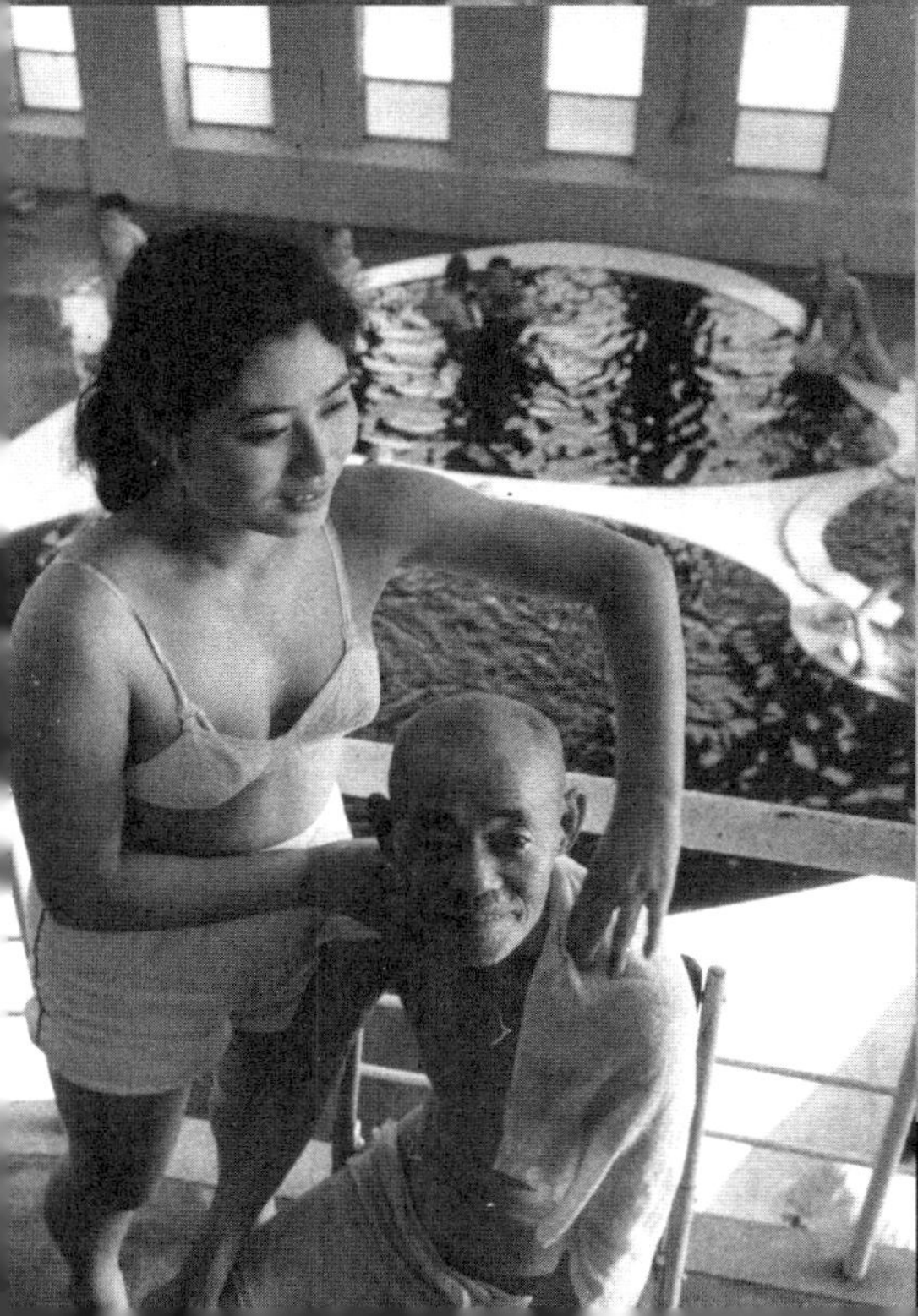

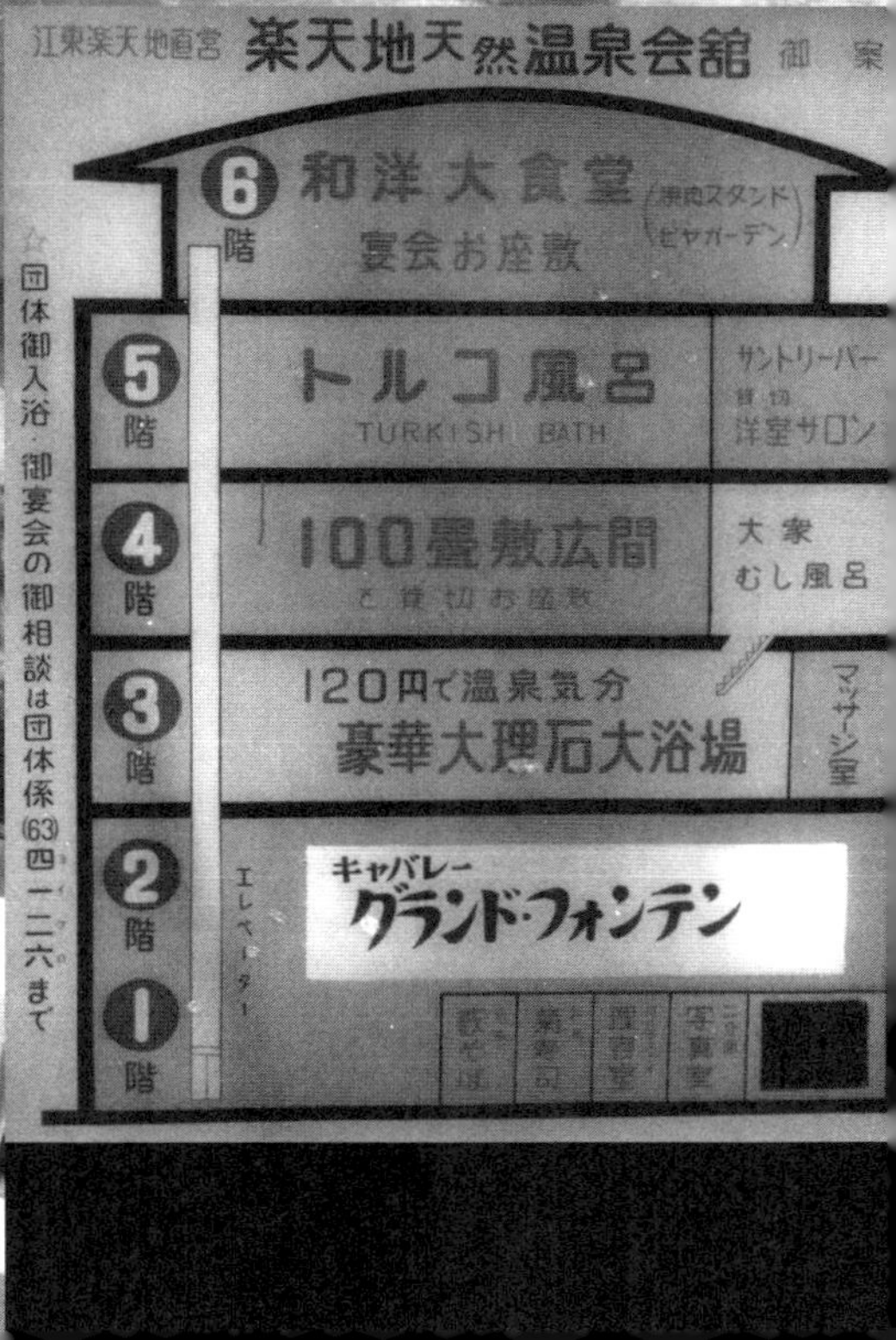
江東楽天地直営
楽天地天然温泉会館
御 案
6階 和洋大食堂
ビヤガーデン
宴会お座敷
5階 トルコ風呂
TURKISH BATH
サントリーバー
洋室サロン
4階 100畳敷広間
と貸切お座敷
大衆
むし風呂
3階 120円で温泉気分
豪華大理石大浴場
マッサージ室
2階 キャバレー
グランド・フォンテン
1階
エレベーター
☆団体御入浴・御宴会の御相談は団体係(63)四一二六まで

しかも面白いのは、このプール建設によって「国民皆泳、水難予防の運動を起そう」と那波が考えたことだ（那波は昭和三一年に社長に就任。翌三二年に小林一三は逝去した）。どういう意味かというと、当時、青函連絡船「洞爺丸」、相模湖の遊覧船「内郷丸」、さらには岡山県の宇野と香川県の高松を結ぶ宇高連絡船「紫雲丸」と、水の惨事が相次いでいたからだ。「人口九百万の東京にこうした一年中泳げる商業プールの一軒ぐらい必ず成立とう」と考えたのである。

なんだか滑稽である。なんというか、考えることがシンプルでよい。往年の人気テレビ人形劇『ひょっこりひょうたん島』のドン・ガバチョみたいである。でも、このプールを秩父宮妃殿下も御覧になったというから、結構大真面目だったのだろう。プール開きには元オリンピック選手の橋爪四郎が呼ばれた。

こうして開業した温泉会館は、若いサラリーマンが熱海に行かずとも温泉に入れることを目標にしていたが、実際、開場早々に行列をなして入ってきたのは「腰の曲った婆さん爺さん」だった。老人たちからは洋風の設備に文句が出た。国民皆泳のためのプールはといえば、夏は芋を洗う混雑で泳ぐどころではなく、秋になれば人影まばらだった。暖房費ばかりがかさんで商売にならない。なんとか儲かったのはトルコ風呂。トルコには当時の人気タレントやアメリカの大スター、ジョン・ウエインも来た。だが大赤字のプールは昭和三二年に閉鎖され、大広間（休憩所）に改装されてしまう。

さてどうするか。那波はローマに外遊したことがあった。そのとき、数多くの噴水の美しさに魅了された。東京には日比谷公園くらいしか噴水がない。だったら元プールだった大広間の下に残っている設備を生かし、再び水を入れて、泉のようにして、真ん中に噴水をつくり、噴水のまわりをストリッパーが踊るキャバレーにしたらどうか。客はそれを見ながらビールを飲む。かくして昭和三五年に誕生したのが、冒頭に述べた噴水キャバレー「グランド・フォンテン」だった。

いいなあ、発想が素直で。「皇居前、日比谷公園、神宮外苑、ナイトクラブ『ミカド』と並んで「我国噴水ブームに先鞭をつけた」と「私は自負している」と那波は言う（『25年』）。とても能天気である。いや、ほめているのだ。うらやましいのだ、この時代が。今とは違う。コンプライアンスとか安全安心とかリスクがどうとか、ほとんど考えない。単純明瞭、やりたいことをやる、儲ける、楽しむ……そんな時代である。

「からたち日記」を客が合唱、お千代は……

昭和三五年（一九六〇）末には、池田勇人首相が所得倍増計画を打ち出し、本格的な高度経済成長が始まる。国民の消費生活も日に日に豊かさを増し、レジャーにかけるお金も時間も増えていく。三六年にはスキー客が一〇〇万人を突破し、登山客が二二四万人に達した。レジャーの幅は「見るレジャー、飲食レジャー、賭けるレジャー、行うレジャー、旅行レジャー」などに広がっていった（『50年』）。

一方、テレビが本格的に普及し始め、映画館入場者数は昭和三三年（一九五八）をピークに減少を始めていた。楽天地としては「ビル造り、街造り」にさらに力を入れるチャンスが来たと考えた。

那波は次のように書いている。

「昭和三十三年まで映画は娯楽界に断然王座の位置を占めていました。然し、容易ならぬ大敵が現われて来ました。即ち、テレビです。私は、これはこわい、早く対策を講じなくてはいけないと思いました。そして当社の事業に関連し、然もテレビに侵される心配のない事業へと多角化の準備を進めたのです」（『東京楽天地30年小史』、以下『30年』）

時代の変化に対応して、江東楽天地は昭和三六年（一九六一）一〇月に社名を東京楽天地に変えた。江東という名前があると、地域に限定された施設というイメージがしてしまい、発展を阻害すると考えられたからである。同年、駅ビルきんし町、第二錦糸ビルが開業。さらに自前でハイヤー・タクシー会社「楽天地交通」の営業も開始した。

駅ビルきんし町については、昭和三五年五月の創立総会に

映画館スクリーン数と入場者数の推移

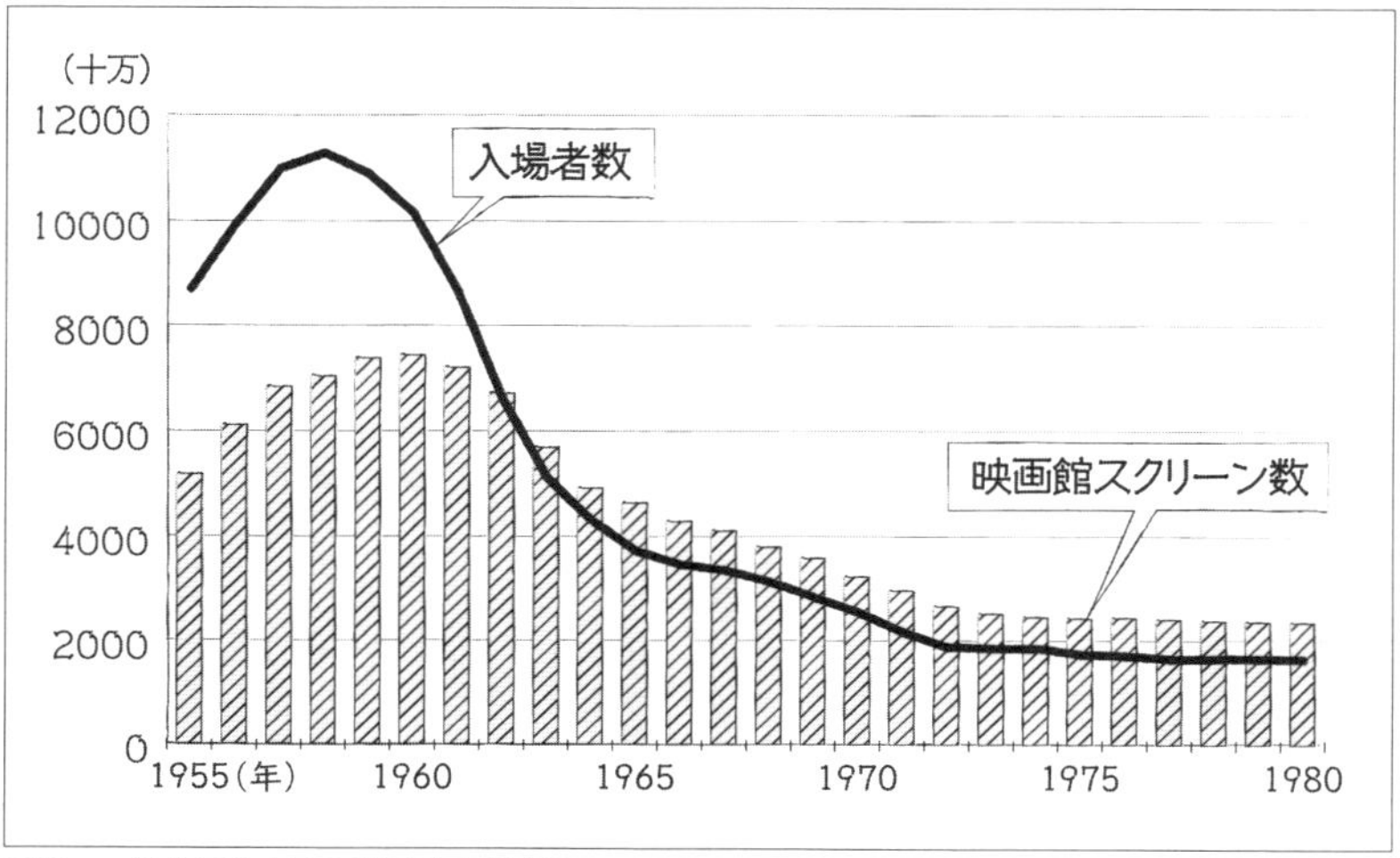

資料：一般社団法人日本映画製作者連盟

おいて、那波はその建設の目的と意義を次のように述べた。

「墨田区から江戸川区に至りますいわゆる江東4区は、その人口130万人」、「将来、京葉工業地区の発展と相まって画期的な発展が予想されている」が、「その反面、これら莫大な勤労者に対する生活文化施設の面は都内でいちばん遅れている」。

「また、この地帯を貫く総武線は近年輸送量が激増し、特に錦糸町駅はその増加テンポが著しく」「往来も極めて激しさを加えてまいっておりますために、莫大なる購買力が都心方面に逃散している」。

「そこで、ここに一大ショッピングセンターを建設し、これを足がかりとして次々に生活文化、娯楽文化の中心を形成してゆきますことは、ただに江東130万の人々の便益福利の増進となるばかりでなく、地元の発展もまた期して待つべきものありと判断し」た(『50年』)。

駅ビルで買い物をして、駅前で飲んで遊んで、タクシーで帰る。消費生活と娯楽生活をトータルに支える企業へと、楽天地は発展していった。

また、美空ひばり、田端義夫以来、江東劇場の舞台には、三橋美智也、島倉千代子、村田英雄、春日八郎、雪村いづみ、こまどり姉妹、三波春夫、水原弘、ザ・ピーナッツ、加山雄三、松尾和子、千昌夫、山本リンダ、奥村チヨ、辺見マリらの、その時代時代の最高のスターたちがまさに綺羅《きら》、星のごとく登場した。公演を待つ行列が二〇〇メートル以上になることも珍しくなかった。

島倉千代子が、ある公演のとき、疲れから声が出なくなると、客席から「おチヨちゃん、歌わなくていいよ。俺たちが歌うから」という声がかかり、会場が「からたち日記」の合唱の声に包まれ、島倉がはらはらと涙を流したというエピソードもある。

多くの演歌歌手の公演を実施してきた江東劇場の舞台は、いつしか「演歌の登竜門」と言われるようにもなっていた。藤圭子は、まだ一六歳ほどのときに、母親と錦糸町で流しをして歌っていたこともよく知られた逸話である。もちろん彼女も江東劇場の舞台に立っている。「はしご酒」という歌の一番では「昔恋しい下町の　夢が花咲く錦糸町」と歌っている。二番は亀戸、平井、三番は小岩、四番は押上、金町と、まさしく江東地帯を歌っているのだ。この歌も江東劇場やグランド・フォンテンで歌っただろうか。歌ったんだろうな。

それから、昭和四三年に「なみだの操」を大ヒットさせた殿さまキングスのリードボーカル、宮路オサムは、昭和三七年に殿さまキングスをつくる以前に数年間、楽天地の社員として江東劇場で営業を担当していたという。言われてみれば、あの独特のこぶしのきいた歌いっぷりと錦糸町、楽天地のイメージはぴったり合う。

三波春夫公演に
つめかけた観客たち

ジャズ、ボウリング、そしてオイルショック

事業もさらに多角化していく。昭和四〇年（一九六五）には、温泉会館六階にダンスホール「ブルースカイ」が開業した。「本格的な広いフロアと一流バンドの出演でダンスと音楽が楽しめたうえ、男女の教師がそろっていたこと、明るい健全な雰囲気づくりに留意したことなどで好評を得」、「下町随一の名門とうたわれた」（昭和五八年閉鎖。『50年』）。宮間利之とニューハード、原信夫とシャープス&フラッツなどの有名バンドが出演し、ジャズトランペッターの日野皓正《てるまさ》も、まだメジャーではない頃、ブルースカイで吹いていた。

昭和四一年には、競馬人口の増大に対応し、場外馬券発売所を移転し、鉄筋コンクリート造り六階建てのダービービルを建設した。

ボウリング場は、昭和二七年に、青山に東京ボウリングセンターが開業していたが、楽天地でも三九年に楽天地ボーリングを開業した。竹中工務店の施工で、レーンは日本ブランズウィック社が担当した。

ボウリングはその後もますます人気が急拡大し、楽天地としても昭和四六年に楽天地ヤングボウルを開業した。これは本所映画館を三〇レーンのボウリング場に改造したものだった。ヤングボウルは一階にゲームコーナー、スナック、三階にビリヤードなどを併設し、内外装は赤と青を基調とするカラフルなもので、ヤング層へのアピールを行っていた（『50年』）。

しかし翌四七年をピークに、ボウリング人気は下降線をたどっていく。人気下降の一因は団塊世代が結婚、出産期に入り始め、ボウリング場に足を運ばなくなったためだと思われる。さらに四八年秋には、オイルショックが日本を襲い、景気は一気に冷え込んだ。一方で、消費者の好みは多様化し、あるいは洗練され、一人の大スターの映画や歌謡曲などで大量動員を図ることが難しい時代にだんだんと変わりつつあった。

そうした中で楽天地は、昭和五〇年代に入ると、時代の変化への対応を図るべく、現在ある楽天地ビルの建て替えのための準備に取りかかることになった。

そういう意味で、楽天地は、まさしく戦後復興期から高度経済成長が終わるまでの、つまり東京が一番元気で若くてエネルギーに満ちていた時代の、文字通り下町の「娯楽の殿堂」として君臨していた。その時代と社会と東京の象徴なのである。

楽天地ボーリング

第三章

日本初の総合レジャービル

池袋ロサ会館

IKEBUKURO
ROSA KAIKAN

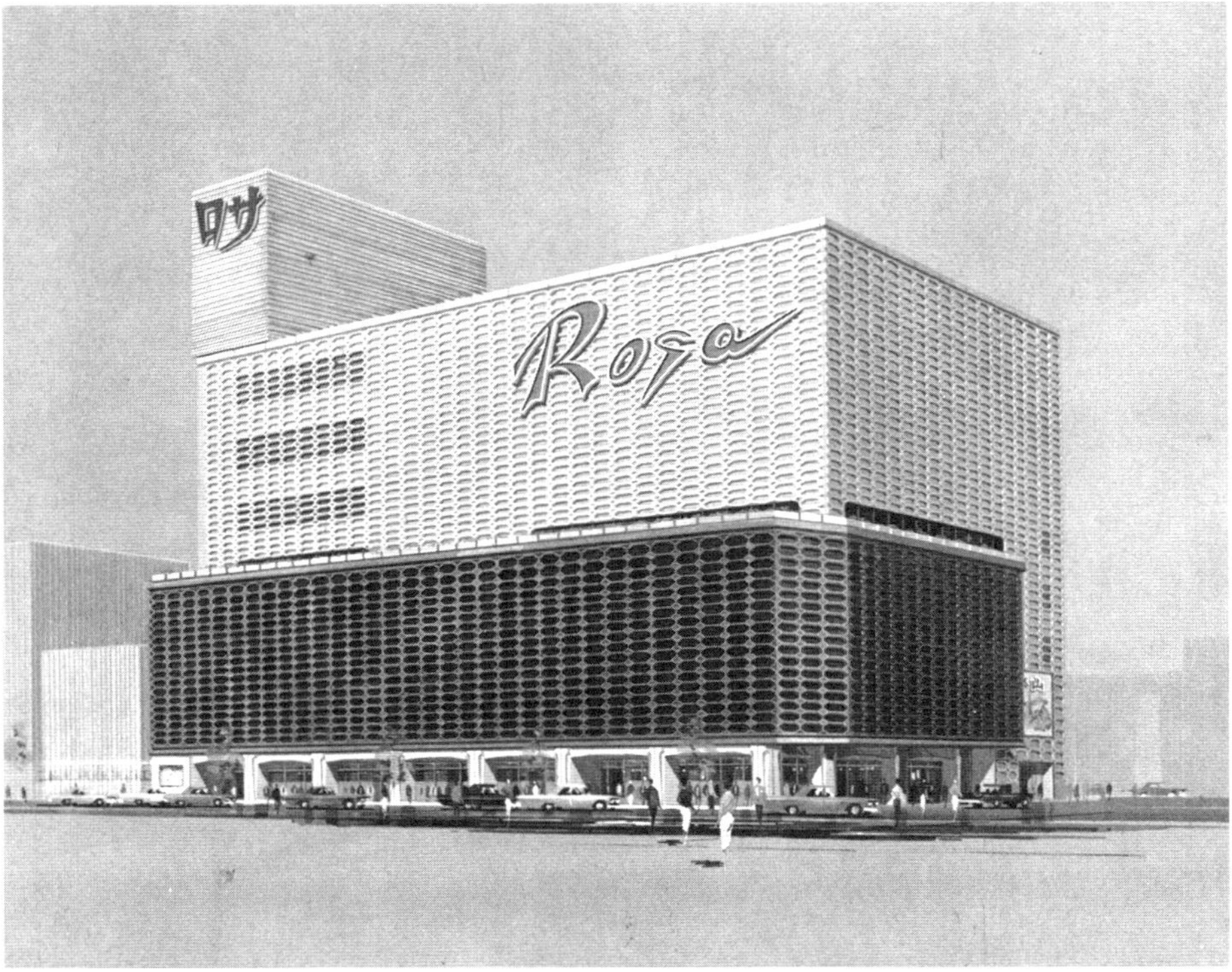

上：開業当初のパンフレット表紙より。中を開くと、きれいな薄いピンクの地色に「ロサ会館の立地条件」「ロサ会館設計上の特色」「入店に必要な負担経費」などの文字が並ぶ　左下：以前のシネマロサ。入口のひさしに「ワーナーブラザーズ」「20世紀フォックス」などのロゴがついている　右下：シネマロサの内部。外国の俳優さんたちの写真などが飾られている

池袋に明るいレジャーを

ロサ会館は昭和四三年（一九六八）九月二五日、東京・池袋に開業した。時はまさに高度経済成長真っ盛り、GNPがアメリカに次いで世界第二位となり、「昭和元禄」「大きいことはいいことだ」とうたわれた時代だ。ロサ会館の地上八階、地下三階、延床面積五〇〇〇坪という大型商業娯楽施設は、今でこそ当たり前の規模だが、当時としては最大級だったという。

ロサ会館を開業したのは、伊部禧作（明治四一年〈一九〇八〉生まれ）を中心にした伊部家、尾形家、松田家三家の同族会社、ロサラーンド株式会社（ロサ土地株式会社より昭和四三年商号変更）である。薬業界で会社を創業した禧作は「医は仁、薬もまた仁なり」を標榜《ひょうぼう》して仕事をする男で、真面目で堅物だった。

そんな伊部禧作が、なぜ突然娯楽ビルをつくったのか。それは一族の生活を考えなければならなかったからである。敗戦後、焼け野原となった東京を見て、禧作は、これからの日本には楽しく明るい娯楽が必要だと思った。たまたま同級生で映画館経営の人脈がある者がおり、映画館をやろうということになった。そこで薬業を経営しながら、義母（妻の母）の尾形きんとともに、株式会社ロサ映画社を設立し、映画館をつくることにしたのだ。

昭和二一年（一九四六）、映画館シネマ・ロサを開業。業績が伸びるなか、シネマ・リリオ、シネマ・セレサを次々と増館していく。最後に駅前の土地にシネマ東宝を開業し、計四館を運営した。ロサはスペイン語でバラ、リリオは百合、セレサは桜。映画館の前の通りを「ロマンス通り」と名付けたのは尾形だった。

この映画館経営が大当たり。大成功し、資金も相当残った。そこで得た資金で禧作がつくったのがロサ会館である。四館あった映画館はすでに衰退期に入っていたが、企業の原点である映画館は何としても残そうとの思いから、シネマ・ロサとシネマ・セレサの二館を残し、娯楽の一大複合ビルをつくろうとしたのだ。

なぜ映画館だけでなく、総合娯楽施設のロサ会館に建て替えようと思ったのか。禧作は開業を報道する『日刊建設工業新聞』（一九六八年一〇月一日付）に言葉を寄せている。

「ロサ多年の夢、また故尾形社長（母）の夢であった『ロサ会館』の建設、渋谷に遅れをとっている池袋の再開発に本格的なレジャー会館の建設…の念願が（中略）未完成な処もありますが竣工の披露が出来ましたことは、この上ない喜びであります。

私はこの道では全く素人で、種々の難問題にぶつかりましたが、（中略）池袋西口をイメージ・チェンジしてノーブルな街づくりをしたい……との目的に添って設計されたもので、多分皆様方よりほめていただけるビルになったと思います。（中略）

元来池袋西口は区画整理が遅れましたので、新宿や渋谷に比較すると副都心として、繁華街としての街づくりに遅れをとっていますので、微力ながらお役に立てたいと全館をレジャーと味の店の完全なる総合ビルとしての方針のもと（以下略）」

「未完成な処もありますが」というところが味噌である。

ロサ会館を設計施工したのは清水建設。言うまでもなく日本を代表する建設会社だ。ところが当時の清水建設は、オフィスビルなら大規模なビルをつくったことはあっても、商業ビルでこれだけの規模のもの（敷地面積一七九四平方メートル、延床面積一万五六六二平方メートル）をつくったことはなかった。そもそも、当時はオフィスビルでも高さ三一メートルが限界。唯一の例外が、ロサ会館と同じ昭和四三年にできた霞が関ビルだった。

清水建設は、技術的にも当時最新のものを投入した。まず、コンクリートポンプ車を使った。これはミキサー車が運んできた生コンクリートを、トラックに備え付けられたポンプとホースで型枠まで注ぎ込むものだ。今では当たり前だが、清水ではロサが本邦初だった。それまではどうしていたのかというと、生コンをタワーに設置されたウインチ（巻上げ機）で打設階まで運び上げて手押し車で運び、型枠に入れていた。これだと打ち込みまで時間がかかり、生コンの品質も低下してしまうのだ。

第二に、ハイテンションボルト接合。昔の橋を見るとわかるが、鉄骨同士はリベット（一端に大きな頭をもった釘）で接合されている。真っ赤に熱したリベットを長い鉄箸で挟んで穴に埋め、リベットハンマーで打ち、カシメる（固く締める）のである。階上で作業する場合は、下から熱したリベットを放り投げ、それを上にいる職人がメガホン状の筒でキャッチして接合していた。

昭和 47 年の雑誌広告で使用した写真。ロサ会館の壁の亀甲型も、当時の最新技術でつくられていた

しかし、高熱のリベットが上から落ちてきたら危険である。また、打ち込み時の騒音も大きい。そこで、ハイテンションボルト接合が使われるようになった。その方式を導入した最初が東京タワー（昭和三三年竣工）である。そりゃそうだ。何百メートルも上から、真っ赤に焼けたリベットが落ちてきたら恐ろしい。しかし、一般のビルでは東京タワー後もまだ多くはそのやり方だったのだ。

第三が、プレキャストコンクリート。ロサ会館の外壁には亀甲型の模様があるが、現場で塗り固めたものではなく、あらかじめ工場で同じ形に固められたものを現場ではめている。これも当時としては最新のやり方だった。

こうして最新技術を使ったロサ会館の建設だが、古い映画館を壊すときは旧来のやり方だった。つまり、巨大な鉄の玉を振り子にして建物に当てて破壊するのである。今と違って防音用の幕で囲ったりしないので、非常に騒音がうるさかった。しかし近隣からのクレームはなかったそうだ。「それは池袋を愛し、近隣に親しまれた尾形きんさんあればこそだった」と当時を知る人は言う。

ロサ会館のテナント構成をどうするかまで、禧作は清水建設に依頼した。少なくともボウリング場とマンモスバーは清水が誘致したらしい。そもそもテナントなどという言葉もまだ珍しい時代だった。ロサ会館開業の翌四四年、池袋駅にパルコが開業したが、銀座の専門店を集めたテナントビルということで非常に珍しがられた。ほとんどの商業施設は木造の零細商店であり、それ以外には百貨店とスーパーがあるだけだった。いろいろな業種の店を一つのビルに入れるなんていう発想は、まだなかったのだ。

ましてや娯楽の複合ビルである。どうやってつくるのか誰も知らなかった。そんな調子であるから「おそらく、清水建設はアメリカの商業雑誌かなにか見ながら、こんなふうにすればいいんじゃないかと手探りで設計したんじゃないですかねえ」とロサラーンド株式会社現社長の伊部季顕（禧作の二男）は想像する。

開業時はがら空きだった!?

開業時のパンフレットに清水建設は「ロサ会館設計上の特色」を書いている。

「綜合アミューズメントセンターとしてふさわしい豪華な内装と外装で作り上げました」

「三方を道路に囲まれるという立地条件を考え　どの方角からも建物内にスムーズに入れる様玄関を４ケ所配置しました」

「豪華な室内にふさわしい明るい照明設備が行われています」

「各貸室ごとに電話・テレビ・動力設備・ガス・給排水等の設備が完備しています」

などと、豪華で最新式であることをアピールしている。

パンフレットにはこうも書かれている。

「♣モダーンセンス溢れる アミューズメントセンター

ボーリングレーン・サウナヘルスセンター・映画館と劇場

♣味覚は自慢の食堂街

マンモスバア・スナックバア・レストラン・ティールーム

♣しゃれたセンスのショッピングセンター

つぶよりの商品をズラリ……」

さらに、こうも書かれている。

「広大な武蔵野ベッドタウンの玄関口 池袋!/驚異的発展を続ける池袋西口商店街!/副都心池袋西口から歩いて僅か2分という好立地条件にて ロサ会館が誕生しました/おなじみの西口 ロマンス通り繁華街と ゆったりとした道幅で都心に通ずる補助73号線に接し さらにすぐ近くに池袋駅西口バスターミナルをひかえるこの立地条件はまさに最高のものと云えましょう/楽しいレジャーのアミューズメントセンター しゃれたセンスのショッピングセン

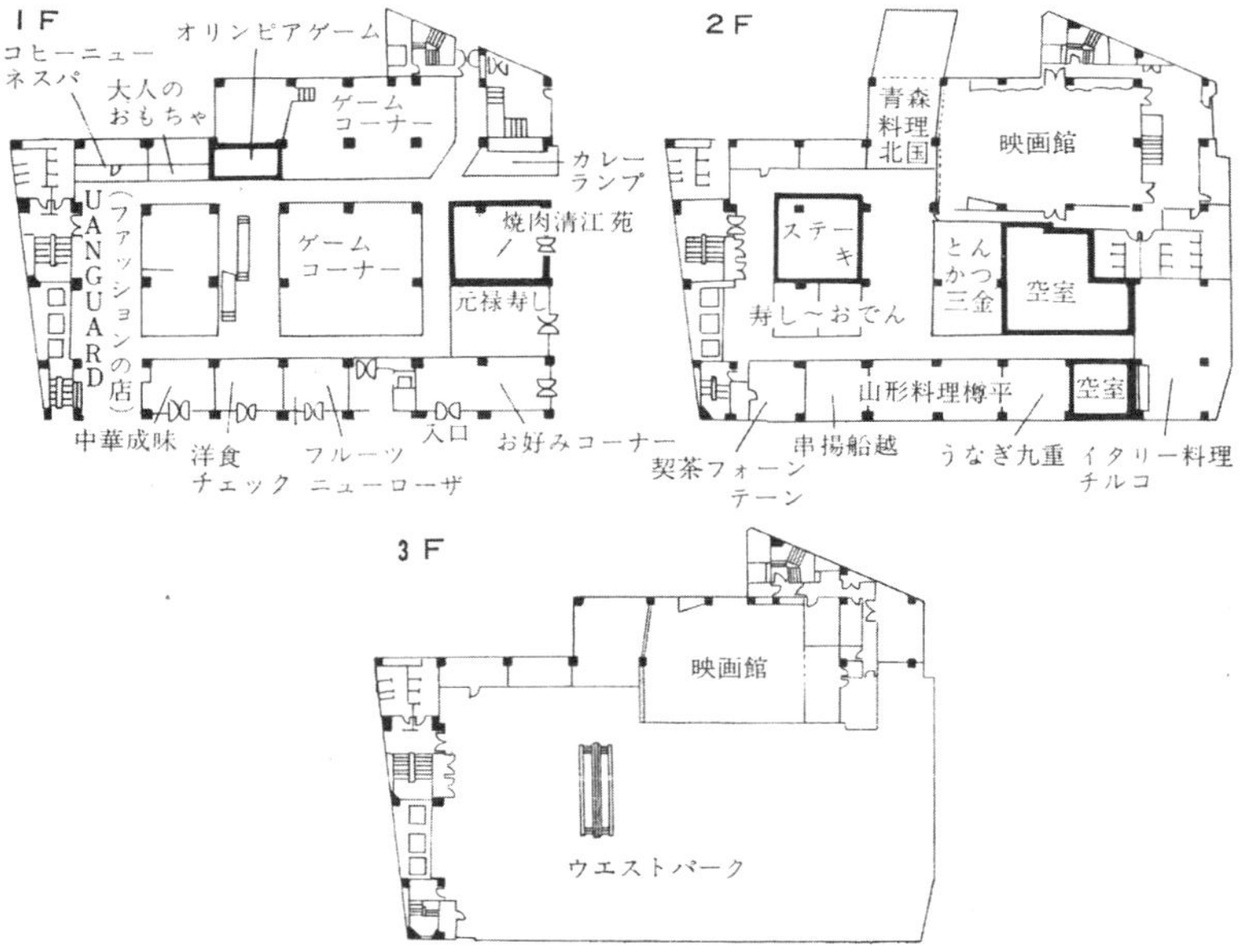

昭和46年当時の
ロサ会館店舗レイアウト

『レジャー産業・資料』1971年8月号より転載

ター そして自慢の食堂街と それぞれ相たずさえてその将来の繁栄は確実にお約束できるものと信じます」

マーケティングも清水建設が行ったようだ。

「ヤングエイジを狙え！ マーケットリサーチの結果はこのように報告しております 世界一のマンモス都会東京 その都の西北副都心池袋は 若人のはちきれんばかりのエネルギーで満ち溢れています／池袋西口は若ものたちがいっぱい！／そのバイタリティは 目を見はるものがあります／まさにレジャー都心〝池袋〟と云っても過言ではありません その西口娯楽街の中心にオープンするロサ会館はキットヤングマンの心を射止めずにはおかないでしょう」

しかし、建築的な設備はともかく、娯楽複合ビルの素人たちによってつくられたロサ会館は、なんと開業のその日、地下二階から地上三階までの貸店舗ががら空きだった！ 五階のサウナ風呂も入居は予定のまま。シネマ・ロサとシネマ・セレサがある以外は、四階のバーと、六階から八階までがボウリング場で埋まっていただけだった。そのボウリング場も、かなり家賃を下げての入居だった。「開業の翌日に倒産と言われていた」と伊部社長も言う。

ロシアからの救世主

その後、ゲームコーナーを入れたりして、なんとかテナントを埋めたロサ会館に救世主が現れた。ミハエル・コーガンというロシア人貿易商である（正確にはユダヤ系ウクライナ人）。コーガンは一九五〇年代、ウォッカの日本での製造販売を開始。以後はジュークボックス、ピンボール、クレーンゲームなどの娯楽機器を開発、ヒットさせていた。会社名は太東貿易、後の「タイトー」である。

昭和四四年（一九六九）、コーガンの娯楽機器を集めた店がロサ会館に入居する。一〇〇坪もあるゲームコーナーだった。そして昭和五三年、コーガンは社会現象とも言われた大ヒット商品を生む。それが「スペースインベーダー（通称、インベーダーゲーム）」である。

午前一〇時、ロサ会館のシャッターが開き始めると、若者たちがシャッターをくぐってゲームセンターになだれ込んできたという。当時はテーブル型のインベーダーゲームをはじめ、ゲーム専用機を集めたゲームセンターはまだ珍しかった。ゲームセンターとはどういうものかと、全国から見学に来たという。

以来、タイトーは新機種が出ると、まずはロサに置くようになった。

「当時、ゲーム雑誌に『タイトーの新機種ロサに導入』という記

昭和44年当時のロサ会館ゲームコーナー。クレーンゲームをはじめ、人気機種がいちはやくそろっていた（タイトー提供）

事が出るんですね。それを全国のゲームファンが読み、いつか東京に行ってロサで最新のゲームをしたいと思った。この前、あるゲーム会社の札幌出身の社員がそう言っていましたね」と伊部社長はうれしそうに話す。

青いテニスコート

ロサ会館が先鞭《せんべん》をつけた事業がもうひとつある。屋上テニスコートである。

伊部社長はもともとアパレル業界にいた。そこを辞めて昭和五五年（一九八〇）に親の経営するロサに入社した。毎日館内を見て回っていると、屋上が使われていない。どうにかならないかと思っていたとき、ふと週刊誌を見ると銀座のファッションビルの小松ストアーの屋上にテニスコートがつくられ、女性限定のテニススクールをして人気だという記事があった。早速見に行った。テニスコートといっても実際のコートの半分の大きさだった。これならうちでやればもっと広々とプレーできると思った。テニススクールの校長を外に連れ出し、うちでやらないかと持ちかけた。ヘッドハンティングである。結局、校長は銀座小松とロサの二カ所でスクールを開くことになった。

ビヨン・ボルグとジョン・マッケンローのウィンブルドン決勝での死闘がテニスブームを盛り上げている時代だった。ロサでも、ボルグとマッケンローのイメージをイラスト化したポスターをつくった。

こだわったのはテニスコートの色だ。当時はみんなグリーンだった。それを伊部はブルーにした。コートは呉羽化学（現・クレハ）がつくる。呉羽に、何年間かはロサ以外ではブルーのコートをつくらないという契約にして、別注した。

「友人がサンシャインシティの上からロサを見たら、ブルーが見えたんで、おまえは屋上にプールをつくったのかって言われました」。それくらい珍しかった。

アパレル業界にいたからか、伊部社長は色にこだわるらしい。黒かったロサの外壁を薄いピンク色に塗り替えた。

「バブルの頃、カリフォルニアに子会社があったんですが、カリフォルニアはピンク色の建物が多いでしょう。だからロサも、娯楽ビルなのに黒じゃなあと思って、ピンクにしたんです」

たしかにロサ（バラ）なのだから、ピンクのほうが名前にふさわしい。

こうした努力と工夫、あるいは幸運のおかげで、ロサ会館は昭和五五年頃にはすべてのテナントが埋まり、入居希望の会社も数社待っているという状態だった。インベーダーゲームのおかげで、建設費用も清水建設に払い終わった。「毎日ものすごい数の百円玉が入るんですが、それがそのまま清水に行ったってことです」と伊部社長は笑う。

昭和56年9月のオープンに先立ち、つくられたチラシの裏側には、「クリスタルなテニススクール誕生／池袋西口から歩いて2分！ロサ会館屋上／コートは日本初のブルーの人工芝をぜい沢に使用」とある

未来の「ロサ会館」は

「複合ビルにしたおかげで、何かが下火になっても何かまた別のものが出てきて、なんとかやってきましたね。テニスも昔ほど人気がないんで、今はフットサルとの二毛作にしています。ボウリング場も三フロアありましたが、一フロアはダーツ場にしました。ダーツは今、人気があるんです。通信を使って、別のダーツ場にいる人と対戦もできます」

「ゲームもね、今はスマホでできるから、街の小さなゲームセンターはもう青息吐息ですよ。でも、DVDを借りて家で見るだけじゃなくて、やっぱり映画館で見たいと思うように、ゲームだってリアルな場所でやりたいという人は絶対いなくならないと思うんです」

ロサには映画館のほかにTSUTAYAもある。

音楽もダウンロードで聴く時代。CDで聴く人ですら「昭和の人」と言われる。一方で、平成二六年一月~一〇月のLPの生産枚数は前年同期比で六倍に増えたという。

ロサの地下にはライブハウスもある。生の魅力を伝える場も求められている。

ただしロサ会館も今後建て替えの計画がある。築四七年となり、経年劣化による諸設備の不具合も散見される中、一〇年くらい前から再開発計画を進めているのだ。

「金太郎飴みたいに同じような店やビルが増えるんじゃなくて、同じ価値観を持った人たちが集まった小さな工房とかお店、特徴のある店やビルがたくさんできる街になるといいかなと思いますね。ビルをつくってからテナントを入れると、どうしても同じような店が増えるんで、逆に、まず入れるお店を決めてから、そのお店が映えるビルをつくっていければいいなと」

それはまさに、開業日にがら空きだったロサ会館の逆だ。昭和四三年のように、日本全体がイケイケの時代ならともかく、現在はリスクを恐れる企業が多いため、個性的な事業の展開が難しい。しかし、最初から入居するテナントが決まっていれば、銀行は融資するだろう。

息子の伊部知顕部長が言う。

「ロサは『モダン・アミューズメント・センター』としてつくられましたが、僕は『アミューズメント・ライフスタイル・センター』にしたい。たとえば、ビリヤードにしても、キューは埼玉の狭山市にある会社が世界シェアの九割以上を占めているんです。プレーするだけでなく、学びの要素、健康の要素、食の要素などを加えて二四時間過ごせる場所にしたい。ボウリング場もゲームセンターも客が来るのを待っているだけだが、もっと攻めていきたい」

高齢化もポジティブにとらえる。

「ゲーム、アミューズメントというと、若い人のイメージがあり、高齢者が入りにくい感じがするかもしれませんが、実際のところ、最近はボウリング場もゲームセンターも時代を反映してか、高齢者が多い。客数が減っても客単価は上がっているんです。毎日、ボウリングやゲームや将棋をやりに来る人がいて、今日はあの人来ないね、と思える人間関係もこれからは重要でしょう。長く娯楽産業をやっていることが価値を生む時代が来ていると思います」

娯楽の総合ビルの将来は、また新しい段階を迎えそうだ。

マンモスバー

開業当時のパンフレットを見ると、ロサ会館の四階に「マンモスバー」というものがある。次章でも述べるが、当時は「大きいことはいいことだ」の時代。マンモスとかジャンボという言葉が流行《はや》っていた。だからバーまでマンモスなのだ。

『レジャー産業』一九七一年二月号によると、マンモスバーとは「その言葉の通り、大きい酒場のことである。特別の定義はなく、普通のスタンド・バーを大きくしたものと考えればよいわけで、一般的には一五〇席以上の、ホステスなどのサービスがないバーのこと」だという。サービス部門を省力化することにより、安く酒が飲めるのが特徴。「いわば、バーのスーパーマーケットのようなもので、この形態が現代人にマッチした」という。

バーのスーパーマーケットなんて大味すぎて、雰囲気がないように思うが、とにかくそれが現代人にマッチしていたのだ。また、従来の居酒屋がアルコール本位だったのが、マンモスバーは「アルコール＋社交場として、その店のもつ雰囲気が大きく経営を左右し」たというから、当時としてはムードがあったのだろう。そのため、女性でも入れるのがマンモスバーの特徴だったらしい。

マンモスバーの登場は大阪の道頓堀が最初だという。店名を「コンパ」といったため、コンパと言えばマンモスバーの代名詞となって全国に普及した。また、映画館、ボウリング場、パチンコ店などに隣接したところがマンモスバーにとって最適の立地だったらしく、そのため、ロサ会館もそうだが、それらの娯楽施設と一体化したレジャービルがたくさんできたのである。

レジャービル

レジャービルの定義は「都心盛り場に市街地レジャーを中心として、多数のレジャー業種によって構成される、総合的アミューズメント・ビル」（『レジャー産業』一九七〇年六月号）。例としては、ロサ会館の他に、新宿では、東宝会館、武蔵野館ビル、伊勢丹会館、タカノビル、風林会館、ミラノ新館、池袋では、地球会館、西口会館、東方会館、銀座では、三愛ビル、日劇、渋谷では、東口会館、東急文化会館などが挙がっており、下町では第二章で触れた江東劇場ビル、本所映画ビルも挙がっている。

その中から、たとえば今もある新宿武蔵野館ビルを見ると、屋上がビヤホール、七～八階が映画館「武蔵野館」、四～六階がボウリング場「ムサシノボール」、三階が三愛スナック「アラ！」、二階から地下一階が三愛で、その中に、靴屋の「銀座セントメリーフジヤマ」、婦人服地「モミジ」、レコード店の「ＭＩＣ・ＭＡＣ」などが入っていた。地下二階は「ワイズメン」。ただしこれは山本耀司《ようじ》ではなく、バー。それから高級クラブ「不死鳥」、そして割烹が入居（『レジャー産業』一九六九年六月号）。まあ、雑居ビルだが、これが飲食、ファッション、娯楽を総合したビルとして当時の人気だったのである。

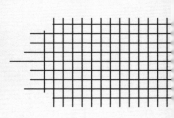

第四章

娯楽大国アメリカへの夢

ボウリング場狂想曲

東京・青山に「スポーツ鹿鳴館」を

「欧米並みのハイクオリティな社交の場『スポーツ鹿鳴館』の実現を目指す」――それが日本初の本格的ボウリング場を構想した増泉辰次の夢だった。

東京ボウリングセンターは、昭和二七年（一九五二）に港区北青山にできた。ボウリングは江戸時代に長崎出島で行われたという記録があるらしいが、今われわれがイメージするようなボウリング場は東京ボウリングセンターが最初である。つくった増泉は病院経営者だった。

当時は、今と違って勝手にビジネスを始められなかった。まだ貧しい日本では建設費の調達もままならず、厳しい外国為替管理制度の中で、高額なレーンの輸入許可を得ることも困難だったという。遊び道具と判断されれば、輸入はますます難しくなる。まずは根回しを、と増泉はＧＨＱ（連合国軍総司令部）と大蔵省に日参し、「日本にも健全スポーツの普及をしたい」「新聞少年から身を立てたトルーマン大統領はホワイトハウスに専用レーンを置くほどのボウリングファンだ」「アメリカでは学校の正課としてボウリングが採用されている」などと説得した。結局、ＧＨＱ経済科学局長マーカット少将に協力を要請し、アメリカボウリング協会からボウリング施設が寄贈されるという形をとって輸入が許可された。実に大事業だったのだ。

ちょうど同じ頃、青山には日本初のスーパーマーケットとして紀ノ国屋が開店している。これがボウリング場オープンの翌二八年。高級青果店を営んでいた増井徳男はＰＸ（米軍用売店）

向けに納入していたが、ＰＸのセルフシステムを見て、アメリカ流のスーパーマーケットを導入したのである。

このように、ボウリング場もスーパーマーケットもＧＨＱとの関係なしには誕生し得なかった。その意味で、日本初のボウリング場とスーパーマーケットが青山に登場したのは象徴的である。現在の代々木公園にあった米軍宿舎ワシントンハイツと赤坂のアメリカ大使館の中間に位置する青山は、アメリカ文化が最も強く感じられる地域であった。だからボウリングは、スーパーマーケットと同様に、豊かなアメリカの記号として、そしてとても都会的なものとして、日本人に受け入れられていくことになる。

アメリカ文化の総合的な発信の場

東京ボウリングセンターの敷地は、大蔵省払い下げの神宮外苑内の旧・学習院の戦災地跡だった（青山北町三丁

青山の東京ボウリングセンター（日本ボウリング場協会提供）

目、現在の北青山二丁目）。写真で見ると、モダンでカッコいいボウリング場の半円形の建物は、茨城県鹿島の内閣航空技術研究所の格納庫が解体され、青山まで運搬されたもの。いわば廃物利用である。そこに米国から輸入したブランズウィック社のレーンが設置された。

支配人は、市ケ谷の米軍基地のボウリング場支配人をしていた久保貞吉。ある日突然増泉が市ケ谷にやってきて、ぜひ新しいボウリング場の支配人を引き受けてほしいと懇願された。増泉の情熱に惹かれて久保は引き受ける。

新聞広告で従業員を募集したところ、問い合わせが殺到。面接を受けるための行列が神宮球場まで続いた。スコアは、当時は機械ではなく人間がつける。そのスコアキーパーは大学出の英会話の得意な美人たちが揃ったという。初任給は八〇〇〇円で、当時の大手企業と比べても三、四割高かった。

中流階級以上の自由業やビジネスマンの集客を目標にしたようだが、個人で三万円、法人で五万円という高い年会費が設定されていた。だから普通の日本人には到底無理で、会員の三分の二を米軍関係者が占めた。彼らは年会費一万円の臨時会員だった。

こうして開業に漕《こ》ぎつけた東京ボウリングセンターの開場パーティーには、高松宮殿下をはじめ、政財界の要人が集まった。高松宮殿下はその後、日本ボウリングクラブ名誉会長に就任された。

またパーティーでは、コーラ、ハンバーガー、ホットドッグ、イタリアン・アイスクリームなど、当時の日本ではまだ珍しい食品が供された。今から見れば日常的な食品だが、当時は憧れのアメリカの食べ物だったのだ。このようにボウリング場は、アメリカ文化の総合的な発信の場として登場したとも言えるのである。

しかし、東京ボウリングセンターは一年で経営破綻、経営権は第一ホテルに移り、今は吉祥寺第一ホテル内で営業している。青山の跡地には高度技術社会推進協会(TEPIA)のホールがある。

団塊世代がブームを担う

高度経済成長期になると、国民の消費生活の発展、娯楽志向の高まりの中で、ボウリングは大衆的な人気を得て大ブームになっていく。昭和三五年(一九六〇)に全国でわずか三カ所だったボウリング場は、四〇年には二〇二カ所、ピーク時の四七年には三六九七カ所と、爆発的に増えていく。レーン数も四〇年の五四一三レーンから四七年には一二万一〇二一レーンに激増する。

年齢別全国センター数・レーン数の推移

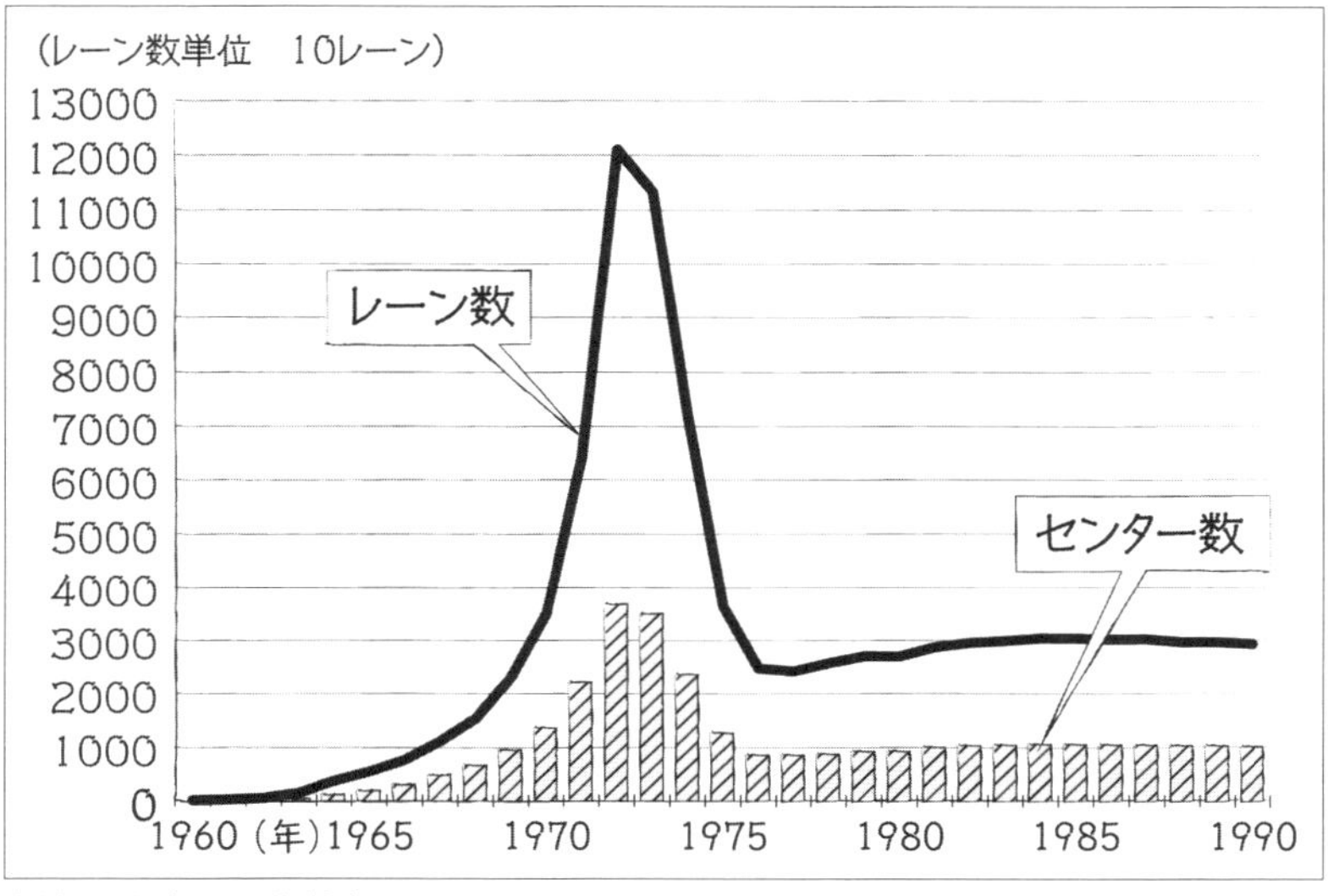

資料：日本ボウリング場協会

『ボウリングファン』の表紙、ならびにボウリング場広告より（日本ボウリング場協会蔵）
「ファミリー」「スポーツの殿堂」「でっか〜い 100 レーン」といった文字が躍る
トーヨーボールのCM「魔女がめざめる夜」は、幻想的な雰囲気を醸し出している
（『週刊少年マガジン』1970 年 7 月 5 日特大号〈著者蔵〉特集より）

ボウリング場の日本への普及には、三井物産などの大手商社が力を入れていた。ボウリング場担当者は、商社マンの中でも花形だったと当時を振り返る人もいるほどだ。一般社団法人日本貿易会のウェブサイトの子ども向けの情報欄でも、「商社は国民の豊かな暮らしの実現を応援した」として、高度経済成長期に「人々の暮らしは大きく変わった。中でも食生活がアメリカやヨーロッパのようになったり、レジャーに使う時間が増えたんだ。商社はこうした変化をとらえて、豊かな暮らしを実現しようと新しい事業にチャレンジした。(中略)当時、爆発的なボウリングブームが起きたんだけど、実は商社が欧米の娯楽ゲームであったボウリングを日本に紹介し、その設備や機械の輸入、販売に力を入れたんだ」と書かれている。

また、ボウリング人気の背景のひとつには、戦後すぐに生まれたベビーブーム世代、いわゆる団塊世代が高校生から二〇代へと成長していたことがあるだろう。そして彼らの価値観が、日本的なものではなく、アメリカ文化を求めていたことも要素として非常に大きい。ボウリングは、コーラ、ハンバーガー、ホットドッグ、アイスクリーム、あるいはマリリン・モンロー、エルヴィス・プレスリー、アイビーファッションなどと同様に、明るく豊かで楽しい「アメリカ大衆消費文化の象徴」として日本に入り込んできたのである。そのことは、当時のボウリング雑誌の表紙写真や広告を見るとよくわかる。

たとえば『ボウリングファン』の一九六五年三月号の表紙は、ホンダの真っ赤なスポーツカーに乗った若い男女。同年一二月号の表紙は、真っ赤な、おそらく当時の最新の流行のワンピースとヘアスタイルの白人女性がファッションモデルのようにポーズを取っている。

七〇年九月号のコカ・コーラの広告はノーマン・ロックウェルの絵のように理想化された、そしてアメリカナイズされた日本の若者たちがボウリングをする様子が映し出されている。七〇年七月の臨時増刊号では、「アベアップはファッションから」（「アベ」は「アベレージ」の意味）という記事がある。「ただ投げればいいというものではないんだなア、ボウリングというものは。スタイル、これを大切にしなきゃあー。」と書かれ、アイビーファッションの男性が気取ってポーズを取ったイラストが描かれている（口絵）。

宮殿のようなボウリング場

昭和四〇年（一九六五）に品川区五反田にできた五反田ボウリングセンターは、当時としては最高の豪華さだった。投資額三二億円。ブランズウィックの最新型マシン六四レーン。経営は当時「実業界の惑星」と呼ばれた吹原弘宣率いる吹原産業……と書くと、なんだか火曜サスペンス劇場みたい。この吹原産業のレジャー事業進出が五反田ボウリングセンターだった。現在は閉鎖されてタワーマンションになっている。

『ボウリングファン』一九六五年三月号によれば、五反田ボウリングセンターは「これがボウリング場かとため息の出る豪華なものでもちろん雰囲気、内部の調度品等からみて日本一のボウリング場であろう。日本一ということは世界一のボウリング場ということができる。建物は吹原社長の好みから、外国からとり寄せた大理石をふんだんに使っており、雰囲気を一段と格調の高いものに仕たてている」「手入れの行きとどいた建物の内部はまさに宮殿のような雰囲気を盛りあげており、それがボウリングを楽しむ人々の気持ちを豊かにさせている」。三階にはレストラン・ケルンがあり、「このレストランは、外が展望でき夜などは素晴しい東京ナイトを見物できる」。「四階は会員制度のセンターで」「まったくぜいたくな雰囲気に浸れる」「ボウラーもこの品のよいセンターにくると気分が豊かになってストレスも解消されると喜んでいる」「この階には女性の予言者藤田小女姫《ことめ》さんの経営になるコトトメパーラーがある」「ここで飲みものをとると豊かな楽しい雰囲気と同時に、素晴しい人生の夢がかなえられそうな気がする」「このコトトメパーラーの後部には小さな舞台までついたホールがあり、いろいろの催しものができる」「一度入ればその豪華さに驚」く。

うーむ。まるで銀座の高級クラブのようだ。ボウリング場にこれだけお金をかけ、ボウリング場でこれだけ幸せになれる時代があったとは、にわかには信じがたい。

五反田ボウリングセンターの記事より。
どちらにも「世界一」の文字が並ぶ
(日本ボウリング場協会蔵)

また、五反田ボウリングセンターには高級模型自動車を走らせる巨大なサーキット場もあった。ローゼン・エンタープライゼス・リミテッドによるローゼン・ロード・レーシング（RRR）である。アメリカの高級模型自動車会社のコックス社から輸入販売を行い、それをRRRで走らせてレースをするというものだったらしい。

昭和四〇年四月には、鶯谷駅前に上野スターレーンが開業する。経営は勝村建設。本社の二〜三階を二四レーンのボウリング場にして、四〜五階を本社で使っていた。各階四五〇坪の広さで、二階にはカクテルラウンジがあった。二階と三階は螺旋《らせん》階段で結ばれ、中三階にはレストランがあり、三階はゴールドカラーに塗られた一二レーンで、スナックバーがあった。開業日には、長年レコード大賞の司会を務めたことで有名な高橋圭三が司会をして、中村メイコ作詞、夫の神津善行作曲の「上野スターレーンの歌」を吉永小百合が歌ったというのだから、もう何が何だかわからない（『ボウリングファン』一九六五年六月号）。

また、ショッピングセンター内にボウリング場がつくられることもあった。その代表が、昭和四四年に日本初の郊外型ショッピングセンターとして開業した玉川高島屋ショッピングセンター（東京・世田谷区）である。キーテナントの高島屋の棟の隣の別館としてレジャービルができ、そこは、地下にサパークラブ、三階にレストラン、四階から六階にボウリング場が入った。三階のレストランでは夕方からパイプオルガンが演奏され、それに合わせて天井のライトの色が変わったらしいが、なんだか今から見ると不思議な演出であり、先述の五反田ボウリングセンターを思わせる。そういう演出がゴージャスだと思われた時代だったのだろう。

建築から見たボウリング場のデザイン

ボウリングブームのときにつくられたボウリング場の特徴として、私はその独特の外観デザインに注目したい。高度経済成長期の建築全体が、勢いのある大胆なデザインのものが多いのだが、ボウリング場、およびボウリング場を核とする娯楽ビルは、ほかのビルよりもいっそう大胆で、カラフルで、おそらくはラスヴェガスやフロリダ、あるいはカリフォルニアの娯楽施設などを参考にしたのだろうが、いま改めて見るととても面白いと思うからだ。

そうしたデザインのボウリング場はもうあまり残っていないが、たとえばＪＲ王子駅前の「サンスクエア」が典型であろう。ガラスを多用した外壁、上に向かって伸びていくような外壁の形状は、いかにも高度経済成長期の上昇気流のようなものを感じさせる（九四ページ）。また、多くのボウリング場がロードサイドに立地したため、車に乗っていても遠くから目立つことも重視されたに違いない。その点でもアメリカのロードサイドレストランなどがデザインの参考にされたことと思う。先述のように、当時のボウリング雑誌にはカッコいいスポーツカーで彼女とボウリング場に行く場面が表紙などに使われていた。自動車とボウリングがともにアメリカン・ウェイ・オブ・ライフの象徴だった。だからこそボウリング場の外観は、アメリカ的な明るさ、陽気さ、大胆さ、カッコよさを表現するべく設計されたのであろう。

多くのボウリング場がすでにないが、ボウリング雑誌や建築雑誌に掲載された写真などを見ると、カッコいいボウリング場が多かったことがわかる。

ボウリング場設計を数多く受注する設計事務所も増えたようである。そのひとつ、株式会社鈴木建築事務所のウェブサイトには「40年ごろからボウリングブームが起こってきましたが、当事務所は八王子ボウルを手始めに多くのボウリング場の設計を受注しました。ボウリング場こそ柱の少ない長大スパンの構造設計技術が要求される設計であり、構造事務所にふさわしい仕事でした」と書いている。現在はより厳しい耐震基準があるため、広いレーンの中に柱が立つこともあるようだが、柱だらけではカッコ悪い。当時の耐震基準では、広々としたボウリング場にあまり柱を立てずに済んだようだが、それにしても、カッコいいボウリング場をつくりつつ耐震性を高めるのは、設計事務所の腕の見せ所だったのである。

二五二レーンのマンモスボウリング場

ボウリング場は、昭和四〇年代に入ると、ハイソな人々の「鹿鳴館」、あるいはおしゃれな若者のファッション的な娯楽の場所というだけでなく、もっと気軽にファミリーで楽しめる娯楽場となり、会社の忘年会や接待としてボウリング大会が開催されるようにもなっていく。

芝ボーリングセンター
（撮影：ぞーさん）

そうした大衆的な人気の拡大、そして「大きいことはいいことだ」という時代の中で、ボウリング場は巨大化していく。八三ページのグラフを見てもわかるように、ボウリング場の伸び以上にレーン数の伸びが大きい。つまり、五〇レーン、さらには一〇〇レーンといった大規模なボウリング場も増えたのである。

すでに昭和三九年（一九六四）には、国土計画興業（現・コクド）が港区に一〇四レーンの芝ボーリングセンターを開業していたが、その後、同社は品川ボウリングセンターを一八〇レーンで開業した。同ボウリング場には、ゲームコーナー三〇台、卓球センター八台、ビリヤード二八台があるほか、スナック一七〇席、レストラン一一〇席などがあった。そしてなんと、スナックの後方には西武デパートのパルココーナーがあり、若者向けのオシャレ用品、スポーツ用品などを売っていたらしい（『レジャー産業・資料』一九七一年一〇月号）。そんなこと、知らなかったなあ。なお、品川ボウリングセンターは八〇レーンで現在も営業中である。

昭和四三年には大田区池上、国道第二京浜沿いに巨大ボウリング場、トーヨーボールが開業した。経営は東洋郵船で、社長は横井英樹。昭和五七年、ホテルニュージャパンの火災

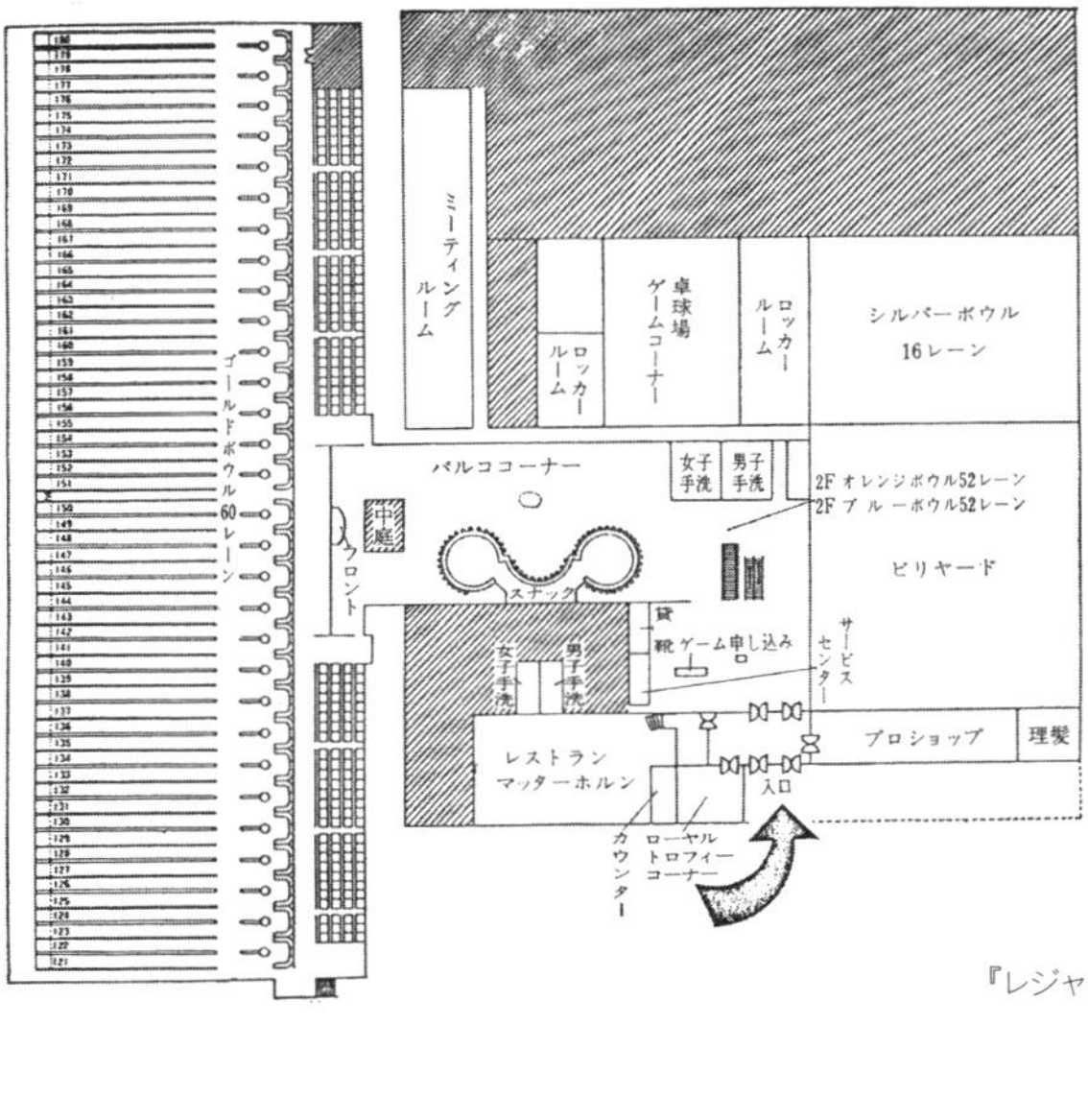

**品川ボウリングセンター
1階平面図**

『レジャー産業・資料』1971年10月号より転載

で一躍有名になったあの横井氏である。

トーヨーボールは五月に開業したときは五六レーンだったが、やがて毎月二八レーンずつ増設し、一一月には一六八レーンになった。地上七階、地下二階、建築面積三万三〇〇〇万平方メートル。世界一の規模のボウリング場だった。しかも営業は一日二二時間。朝の七時から翌朝の五時まで。これで一日一レーン平均六〇ゲームをこなし、一日一万ゲームが消化された。昭和四四年二月には八四レーンを追加し、計二五二レーンになったというからすさまじい。さらに、一センターで五〇〇レーン、一〇〇〇レーンの「ジャンボ級」の構想もあると書かれている（『レジャー産業・資料』七一年一〇月号）。

『レジャー産業』はこのトーヨーボールを取材し、五年先、十年先、もし儲からなくなって転業するとしたら何が適当かと経営者に尋ねているが、「私の個人的意見としては、総合レジャービルがいいのではないか」と答えている。「儲かるボウリング場も、ここまでくると多くの問題を提起しそうである」と記事をまとめている（『レジャー産業』一九六九年一月号）。実際、トーヨーボール池上は平成二〇年に廃業し、今は巨大パチンコ店になっている。

ジャンボな時代の終わり

前章のコラムでマンモスバーを紹介したが、当時は巨大であることの形容詞として「マンモス～～」という言い方が流行った。その後、昭和四五年（一九七〇）にジャンボジェット機が登場すると、「ジャンボ」という言葉も使われるようになった。プロレスラーのジャンボ鶴田も、そういう時代のネーミングである。

『レジャー産業・資料』七一年一〇月号でも「ジャンボ化するボウリングセンター」という記事がある。全体で一〇〇レーンどころか、ワンフロア一〇〇レーンもあるボウリング場がすでに名古屋と長野にあり（名古屋「星ケ丘ボウル」と長野「ヤングファラオ」）、「年内にはこの種のボウリング場が全国で幾つか」開業するというのだ。

これだけボウリング場が増え、巨大化しても、まだボウリング場経営側の鼻息は荒く、『レジャー産業・資料』七一年一〇月号で行ったボウリング場支配人へのインタビューでは、昭和五〇年（一九七五）までにボウリング人口は二倍になるという回答が最も多く、なかには三倍という人もいた。弱気の予測でも二割増であったという。

同誌はさまざまな要素から一二万レーンから一四万レーンと最終的に予測したが、実際、昭和四七年の一二・一万レーンをピークにボウリング場は減少し始めた。一日一レーン当たりの平均ゲーム数も四六年には七三ゲームだったが、四九年にはわずか一五ゲームに減少した（『レジャー産業・資料』七六年八月号）。ボウリング場数は五一年には八七九カ所とピーク時の四分の一以下にまで落ち込んだ。昭和三五年から四七年、所得倍増計画からオイルショック前までの高度経済成長とまさに歩みを合わせて、ボウリング場の興亡の歴史があったのである。

右上から時計まわりに、王子「サンスクエア」（著者撮影）、池上「トーヨーボール」（『レジャー産業』1969 年4 月号表紙より）、栃木「サンプラザ」（『月刊商店建築』1972 年 8 月号／撮影：大橋富夫　© 商店建築社）、富山「立山グランドボウル」の写真パネルより（撮影：ぞーさん）

アメリカのボウリング場建築——ライトの直系、ロートナーの影響

一九三〇年代に始まった未来主義的なデザインは、戦後アメリカで一気に大衆化した。日本のボウリング場などの娯楽施設にも見られるような、派手で明るい建築、特に一九五〇年代のカリフォルニアのそれを、建築批評家のアラン・ヘスは「グーギー建築（Googie Architecture）」と名付けた。

このグーギーな様式の設計で一世を風靡したのが、建築家のジョン・ロートナーだった。彼は大学で建築を学んだ後、一九三三年から三九年までフランク・ロイド・ライトの事務所で働いた。独立後に自邸を設計し、建築評論の大家、ヘンリー＝ラッセル・ヒッチコックに「ライトに比肩される」作品と絶賛される。最も有名な作品は、ロサンジェルスの丘の斜面に建つ宇宙ステーションのようなマリンレジデンスである。

そのロートナーが一九四九年、ハリウッドにつくった最初のコーヒーショップの名前が、「グーギー」だった。この店名は、施主の妻のニックネームからきている。そして、このスタイルは主としてコーヒーショップで、さらにモーテル、ガソリンスタンド、さらにはボウリング場など、さまざまな商業施設の様式として、一気に拡大したのである。

おそらく日本のボウリング場建築は、アメリカのボウリング場の設計図面をベースにしなが

ら、カリフォルニア、フロリダ、ラスヴェガスなどの各種の商業建築を参照しつつ、日本化したのであろう。「ボウリング場建築に関して、わが国一流の設計事務所」と言われた渡辺公一建築設計事務所では、昭和四五年（一九七〇）当時ですでに六〇ものボウリング場を設計しており、なかでも浜松ボウルは、ボウリング場のモデルとして見学者が絶えなかったという。その渡辺公一も「日本におけるボウリング場の型」は「アメリカのそれと一見同じように見えながら、質的には大変異なったもの」だとしている（『レジャー産業』一九七〇年一二月号）。

日本のボウリング場建築——黒川紀章も設計

ボウリング人気絶頂期にボウリング場の設計や施工を有名設計会社や大手建設会社が行うことが少なくなかった。竹中工務店は「後楽園ボーリング会館」や「後楽園大森ボウル」を施工、「高松東宝ボウリング場」を設計、銀座八丁目にあった高級娯楽ビル「ラパンドール」（二〜五階がボウリング場）は設計・施工をしており、けっこうボウリング場づくりに熱心だったようだ。

愛知県愛知郡東郷町の「和合カントリーレーン」は鹿島建設名古屋支社の設計・施工。群馬県太田市の「マロンボウル」はその後数々の賞を受賞したＲＩＡ建築綜合研究所が設計した。

有名建築家も登場する。ボウリング場だけを設計したわけではないが、ボウリング場を含む施設として、黒川紀章は高田馬場の「ビッグボックス」や岐阜県の「大垣フォーラムホテル」、さらには兵庫県の「姫路スターレーン」を設計している。

とはいえ、当時すでにボウリング場は飽和状態になりつつあった。そのため、黒川は「日本に於けるレジャー一般がそうである様に、又その先兵たるボーリング場は、ただガサツなピンの倒れる音のみ豪快に響く。目的性のみにしか考慮を払わない施設が普通であり、そこには微塵もユトリなどあろうはずもなく、ただ狂ったようにボールを投げる人達と、笑いのとまらない経営者がいるだけである。それではまるで統制を失なったネズミ達が自己の食料供給の限界を突破して増殖し続ける様なもので自己消滅するのは明らかであろう。又その空間性はパチンコ屋の喧騒と何ら変わる選ぶところのない殺伐たる風景である」と批評したうえで、姫路スターレーンの設計では「ボーリング場に物理的なユトリだけではなく精神的ユトリを持ち込む」ことをテーマに掲げた、と述べている（『近代建築』一九七三年五月号）。

また、ボウリング場内の施設だと、川崎市の「溝の口ボーリングセンター」のスナックコーナーは、後にビッグネームとなる倉俣史朗のクラマタデザインが手がけている。

このように全盛期のボウリング場は、単なる娯楽施設を越えて、建築界においても時代のトレンドを引っ張る最先端の場所のひとつであったと言えるかもしれない。

（以上の情報は雑誌『近代建築』と『商店建築』による。設計が大手ゼネコンの場合でも、実際の設計は下請けに出されている可能性もあるらしいが、あくまで上記資料に基づいて記述した）

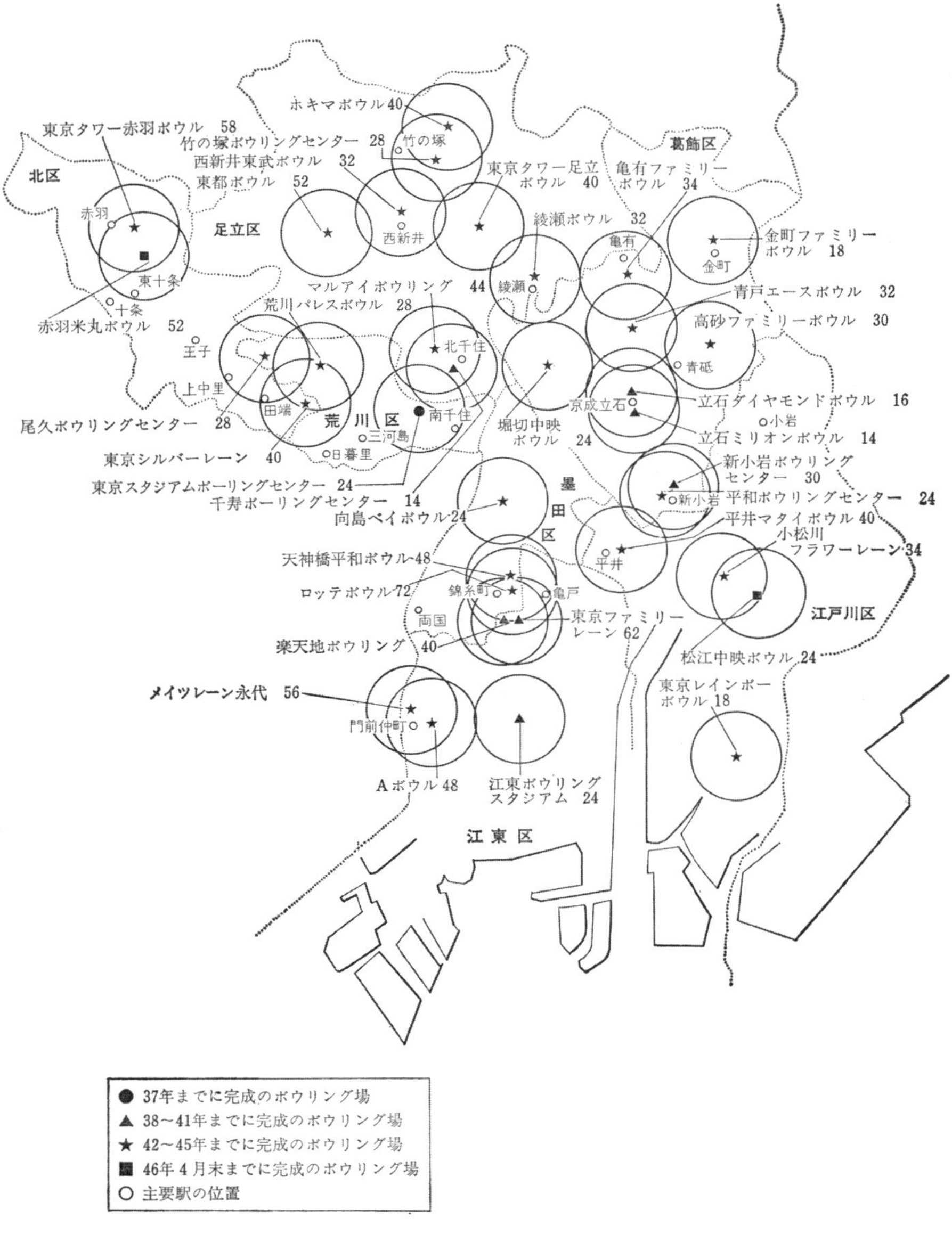

東京23区内ボウリング場マップ

『レジャー産業・資料』1971年8月号より転載

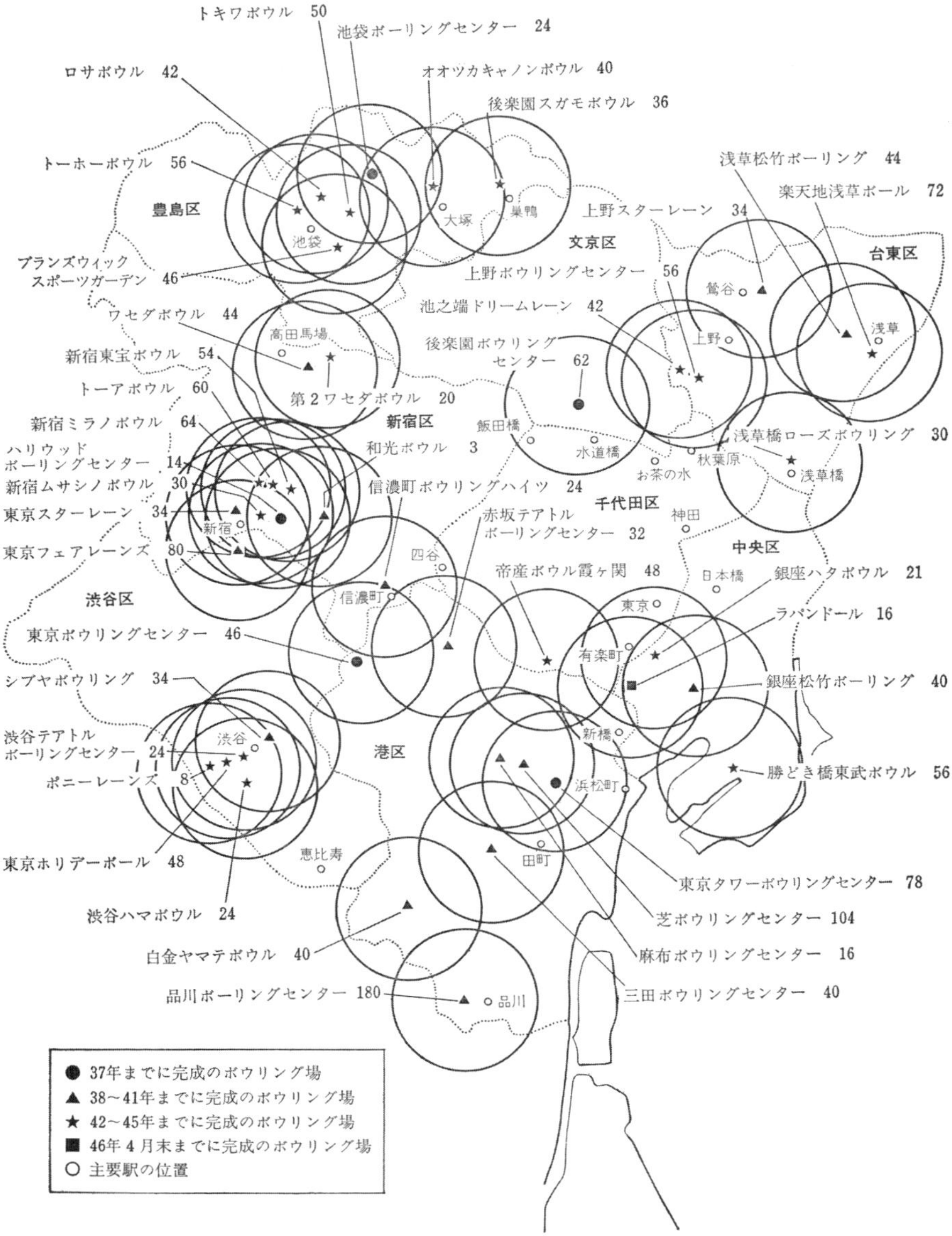

トキワボウル 50
池袋ボーリングセンター 24
ロサボウル 42
オオツカキャノンボウル 40
後楽園スガモボウル 36
トーホーボウル 56
豊島区
大塚
巣鴨
池袋
ブランズウィック
スポーツガーデン 46
浅草松竹ボーリング 44
楽天地浅草ボール 72
上野スターレーン 34
文京区
台東区
上野ボウリングセンター 56
鶯谷
池之端ドリームレーン 42
ワセダボウル 44
高田馬場
上野
浅草
後楽園ボウリング
センター 62
新宿東宝ボウル 54
トーアボウル 60
第2ワセダボウル 20
新宿区
新宿ミラノボウル 64
飯田橋
浅草橋ローズボウリング 30
ハリウッド
ボーリングセンター 14
和光ボウル 3
水道橋
秋葉原
お茶の水
浅草橋
新宿ムサシノボウル 30
信濃町ボウリングハイツ 24
千代田区
東京スターレーン 34
新宿
赤坂テアトル
ボーリングセンター 32
神田
東京フェアレーンズ 80
四谷
中央区
帝座ボウル霞ヶ関 48
日本橋
銀座ハタボウル 21
渋谷区
信濃町
東京
ラパンドール 16
東京ボウリングセンター 46
有楽町
シブヤボウリング 34
銀座松竹ボーリング 40
渋谷テアトル
ボーリングセンター 24
渋谷
港区
新橋
ポニーレーンズ 8
浜松町
勝どき橋東武ボウル 56
恵比寿
田町
東京ホリデーボール 48
東京タワーボウリングセンター 78
渋谷ハマボウル 24
芝ボウリングセンター 104
白金ヤマテボウル 40
麻布ボウリングセンター 16
品川ボーリングセンター 180
品川
三田ボウリングセンター 40
● 37年までに完成のボウリング場
▲ 38～41年までに完成のボウリング場
★ 42～45年までに完成のボウリング場
■ 46年4月末までに完成のボウリング場
○ 主要駅の位置

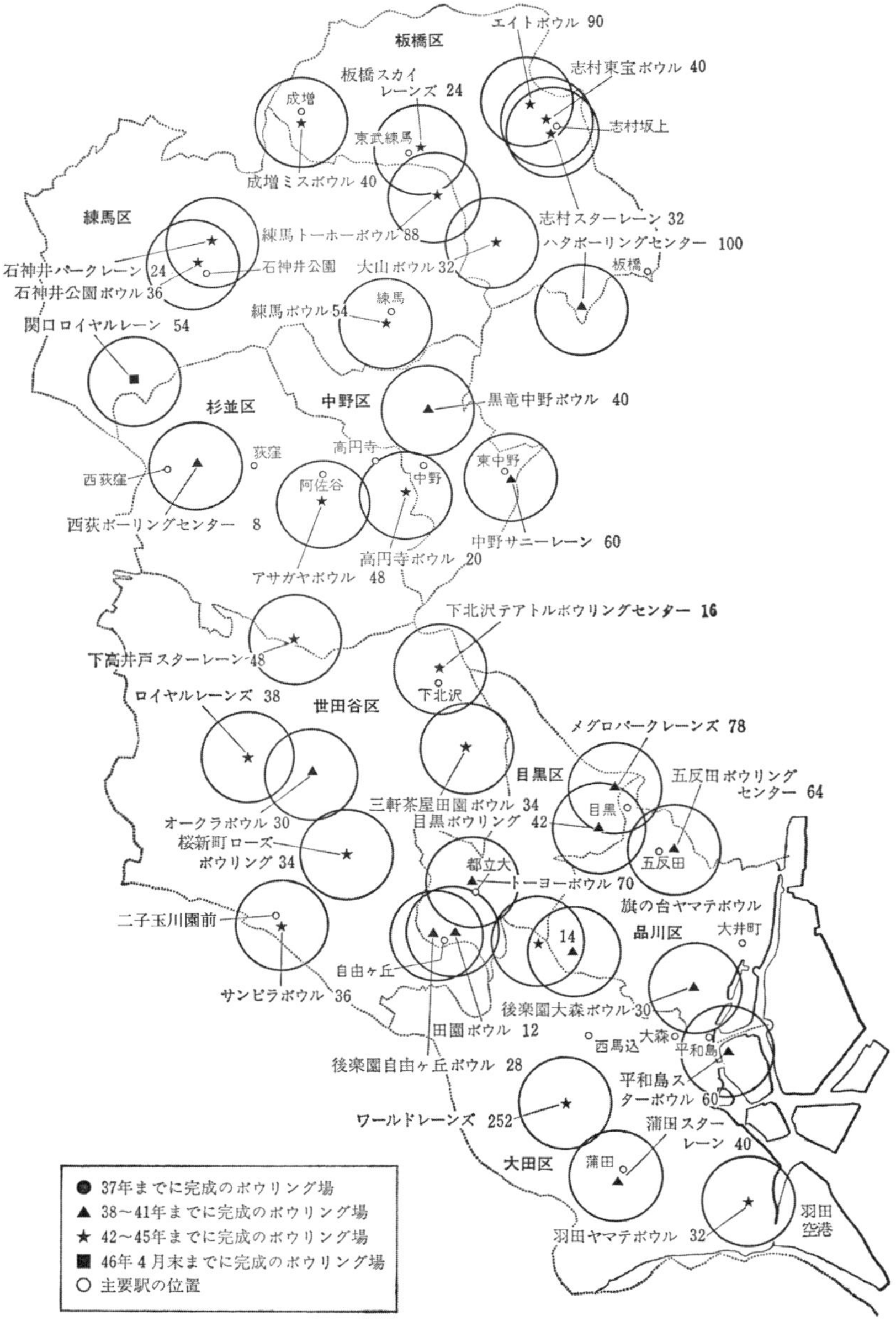
板橋区
エイトボウル 90
志村東宝ボウル 40
志村坂上
板橋スカイ
レーンズ 24
成増
東武練馬
成増ミスボウル 40
練馬区
志村スターレーン 32
練馬トーホーボウル 88
ハタボーリングセンター 100
石神井パークレーン 24
石神井公園
大山ボウル 32
板橋
石神井公園ボウル 36
練馬
練馬ボウル 54
関口ロイヤルレーン 54
杉並区
中野区
黒竜中野ボウル 40
高円寺
荻窪
西荻窪
東中野
阿佐谷
中野
西荻ボーリングセンター 8
中野サニーレーン 60
高円寺ボウル 20
アサガヤボウル 48
下北沢テアトルボウリングセンター 16
下高井戸スターレーン 48
下北沢
ロイヤルレーンズ 38
世田谷区
メグロパークレーンズ 78
目黒区
五反田ボウリング
センター 64
オークラボウル 30
三軒茶屋田園ボウル 34
目黒
目黒ボウリング 42
桜新町ローズ
ボウリング 34
五反田
都立大
トーヨーボウル 70
旗の台ヤマテボウル
二子玉川園前
14
品川区
大井町
自由ヶ丘
サンピラボウル 36
後楽園大森ボウル 30
田園ボウル 12
西馬込
大森
平和島
後楽園自由ヶ丘ボウル 28
平和島ス
ターボウル 60
ワールドレーンズ 252
蒲田スター
レーン 40
大田区
蒲田
羽田
空港
羽田ヤマテボウル 32
● 37年までに完成のボウリング場
▲ 38～41年までに完成のボウリング場
★ 42～45年までに完成のボウリング場
■ 46年4月末までに完成のボウリング場
○ 主要駅の位置

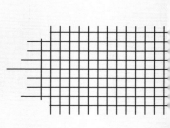

第五章

世田谷をイカした街に変えた

一九六四年東京オリンピック

渋谷公会堂も東京五輪の会場だった

オリンピックはいわゆる娯楽ではないが、東京という大都市圏と娯楽施設の関係を考える本書としては、多くの都市施設、運動施設をつくる契機となったオリンピックもまた大衆娯楽イベントの一つととらえ、東京という都市にとっての意味を考えてみたい。特に、東京の都市全体としての変化を考えるうえで強調したいのは、東京オリンピックが代々木、渋谷、青山通りといった地域を変えた以上に、世田谷のイメージを変えたのではないか、という点である。

今の若い人でも、日本武道館、国立代々木競技場（正式名称、国立屋内総合競技場）、国立競技場（正式名称、国立霞ケ丘競技場・陸上競技場）がオリンピックの会場だったことくらいは聞いたことがあるだろう。なかでも、日本武道館と代々木競技場は、東京オリンピックにあわせて建設された施設だ。武道館では、この大会で初めて正式種目となった柔道が行われた。代々木競技場は丹下《たんげ》健三《けんぞう》、坪井善勝、井上宇市という日本建築界を代表する三人による設計だ。吊り屋根方式を用いた独特のデザインは日本を代表する建築として評価され、丹下氏は日本人初の「オリンピック功労賞」を受賞。その第一体育館では水泳、第二体育館ではバスケットボールが開催された。

しかし、国立競技場はオリンピックのために初めてつくられたものではなかった。昭和三三年（一九五八）の第三回アジア競技大会にあわせて整備されたものを、オリンピックではメインスタジアムとして使用し、開閉会式、陸上競技、サッカー、馬術が行われたのである（「日本スポーツ振興センター」ウェブサイトより）。

それ以外で有名な会場は、世田谷区および目黒区にある駒沢公園（正式名称、駒沢オリンピック公園総合運動場）だろう。そもそも駒沢公園は、昭和一五年（一九四〇）に東京で開催されるはずだった第一二回オリンピック大会のメイン会場になるべきものだった。ところがオリンピックは戦争のために中止されたのである。

北青山の秩父宮ラグビー場は昭和二二年の建設だが、オリンピックではサッカー会場として使用された。千駄ケ谷の東京体育館は、昭和二九年のレスリング・フリースタイル世界選手権大会の際に、旧徳川家達《いえさと》邸の跡地に建設され、オリンピックでは体操競技や水球の会場として使用された。渋谷公会堂は、三九年、渋谷区の総合庁舎とともに建設されたものだが、最初に

昭和 39 年の東京五輪は、すでにあったさまざまな施設や、東京以外の地域も巻き込んで開催された（地図作成：三浦展）

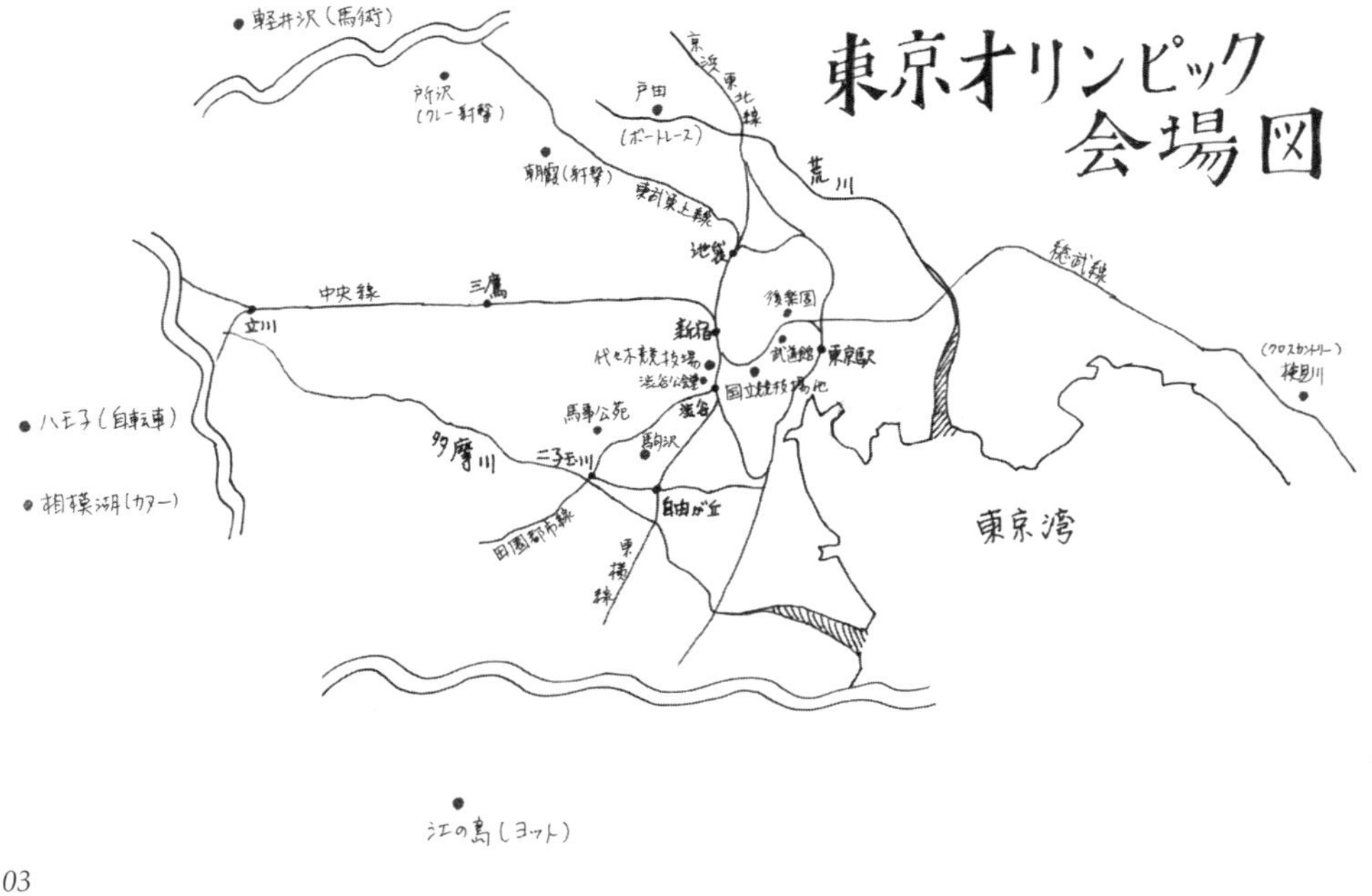

使用されたのは東京オリンピックの重量挙げ競技会場としてだった。

他にもある。ボクシングは、昭和二六年建設のアイススケート場である後楽園アイスパレスで開催された。四六年に解体され、今は「黄色いビル」になっている。フェンシングは早稲田大学戸山キャンパスにある早稲田大学記念会堂で行われた。ここは三二年に早稲田大学の創立七五周年を記念して建設された体育館である。

馬術は世田谷区の馬事公苑で行われたが、馬事公苑は、昭和一五年九月に日本初の総合的な馬事施設として開苑したものである。

ここまでは都内だが、周辺にも会場はあった。馬つながりで言えば、総合馬術競技は長野県北佐久郡軽井沢町で開催された。その競技場だった敷地が、平成一〇年の長野冬季五輪ではカーリング会場となった。つまり軽井沢は世界でも珍しい夏・冬両方のオリンピック会場になったのである。

ライフル射撃会場は、埼玉県北足立郡朝霞町（現・朝霞市）にある陸上自衛隊朝霞駐屯地内に設置された。また、クレー射撃場も当初、朝霞に設置される予定だったが、敷地が手狭だったことから埼玉県所沢市につくられた。朝霞は、二〇二〇年の東京オリンピック・パラリンピックでも、射撃会場として使用される予定だ。

カヌーは昭和三〇年（一九五五）に開業済みだった、神奈川県津久井郡相模湖町（現・相模原市緑区）にある神奈川県立相模湖漕艇《そうてい》場が会場。ヨットは、東京オリンピック開催にあわせて整

世田谷区上用賀にある馬事公苑。敷地内には馬を運動させるための設備もたくさんあり、緑も多くて気持ちのよい場所だ。現在は日本中央競馬会（ＪＲＡ）が運営する（著者撮影）

備された日本初の競技用ヨットハーバーである江の島ヨットハーバーを中心に開催された。

近代五種のうちクロスカントリーのコースとして使用されたのが、現・千葉市花見川区の花園町・朝日ケ丘町・畑町にまたがる東京大学検見川総合運動場。運動場周辺には、農学生命科学研究科附属緑地植物実験所、薬学系研究科附属薬用植物園が隣接している。

米軍、東京都、世論――選手村をめぐる攻防

オリンピックの選手村は、当初は埼玉県朝霞町にある米軍キャンプ・ドレイクを返還してもらって建設する予定だった。それ以前は日本陸軍施設だった場所である。代々木の主会場からバスで三〇～四〇分であり、総面積四六万平方メートル、兵舎三〇棟、家族宿舎、倉庫などがあり、付帯施設として射撃場、馬場、プール、体育館、陸上競技場、野球場、テニスコート、ゴルフ場など、また娯楽施設として映画館、売店などがあり、このまま選手村にしてもほとんど支障がないほどであった。(片木篤『オリンピック・シティ東京 1940・1964』)。

もちろん、選手村は国立競技場に近い「ワシントンハイツ」につくるべきだという考えを持つ者もいた。ワシントンハイツは、もとは日本陸軍の代々木練兵場跡だったが、戦後は米軍司令部関係者の家族宿舎として使われており、オリンピックの役員宿舎だけのために利用される予定であった。米軍がワシントンハイツをオリンピック選手村にするために返還することはあ

り得ないと考えられていた。

当時の東京都知事、東龍太郎《あずまりょうたろう》は書いている。

「オリンピック関係施設を結ぶ道路、街路の整備と、これによる交通の円滑化は、オリンピックの成否を握る一つの鍵である」。しかし朝霞は「オリンピックの中心地域からはかなり遠距離にあり、現下の交通事情からは、よほどの立派な道路と厳格な交通規制がなければ、地理的には選手村として不適地である」。

この問題を克服すべく、「板橋、中野、杉並、世田ケ谷、目黒、品川各区にまたがる延長二一キロメートルに及ぶ環状七号線はじめ多くの主要道路の整備に取り組んできているのである。しかも、この計画は、ただにオリンピックのためだけでなく、東京将来の都市づくりにきわめて良い結果をもたらすという確信をもち、今この時期をとらえて行なわなければ、なかなか実現が困難であると信じているのである」。

「予想される交通需要をスムーズにさばくとなると、高速道路三号線（渋谷大和田町〜千代田区隼町）の繰り上げ工事等二七の道路整備事業を追加、変更、あるいは繰り上げ等の措置をとらねばならない」

（東龍太郎『オリンピック』）

つまり、主要会場から遠い朝霞に選手村をつくることによって、むしろ東京の道路交通網を一気に整備し、近代都市として改造することを東はもくろんでいたのであろう。

道路整備を担当したのは昭和三〇年（一九五五）、都庁に招かれた土木技師・山田正男である。山田は昭和一三年の時点で、すでに東京に高速道路網を敷くべきだという論文を発表するほどの道路派だった。実際、昭和三〇年の東京の自動車台数は山田の予測の七倍に増えていた。山田は昭和三二年に、八本の放射路線と都心部の環状道路からなる総延長七一キロの緊急幹線道路七カ年計画を作成した。計画道路の沿道住民は猛烈に反対した。そこにオリンピックがやってくることになったのだ。

実際、昭和三五年（一九六〇）にオリンピック開催を目前にしていたローマでは、当時、高速道路、一般道路が思い切って整備されていた。東京でも同じようにできるはずだと、山田は考えた。山田は実現すべき道路を首都高速道路と一般道路に分け、まずは羽田から中央区本町までの首都高速一号線を整備しようとした。それによって羽田に着いた海外からの選手や観光客の第一印象がよくなるという狙いだった。それから四号線を整備し、中央区日本橋本石町と代々木初台を結ぶ。これにより、代々木、駒沢等の競技場間の交通が改善される。こうした山田の主張によって首都高速道路公団が設けられ、約三二キロの首都高速の建設が始まった。

しかしオリンピックまで五年しかない。間に合うのか。山田は、既成の道路、運河の上に高速道路を通す案を考えた。こうして、お江戸・日本橋の上にも、「君の名は」の数寄屋橋の上

昭和36年のワシントンハイツ。占領下の日本で、米軍司令部関係者の兵舎・家族宿舎として使われ、日本人は立ち入り禁止だった（読売新聞社提供）

にも高速道路が架かった。山田は首都高速以外にも合計三〇路線、全長七五キロの一般道路もオリンピック関連道路として建設した。なかでも環状七号線の新設は、選手村が朝霞に計画されていたために、急務だった。

「海外から来た選手たちは羽田空港に到着したあと、朝霞まで東京都内を縦断する。毎日の競技にも、朝霞から駒沢、代々木、明治神宮外苑へ赴かねばならない。そのためには、朝霞と駒沢、羽田を結ぶ道路が必要だ」と山田は考えた。実は、その道路はすでに関東大震災後に都市計画決定されていた。それがほとんど実現されないまま三〇年以上が過ぎていた。朝霞は、長年の宿題を解決するチャンスだったのだ（東秀紀『東京の都市計画家　高山英華』）。

ところが昭和三六年五月九日、日米合同委員会施設特別委員会において、アメリカ側は朝霞地区は全面返還せず、オリンピック期間中の一時使用は認めても、終了後は米軍に戻す、代々木のワシントンハイツならば全面返還に応ずる、という回答をしてきた。これは東知事にとってまさに青天の霹靂《へきれき》であった。

アメリカが急遽《きゅうきょ》ワシントンハイツの返還を認めたのは、同年にケネディ大統領が就任し、前年の日本での六〇年安保闘争で盛り上がった反米感情を沈静化しようとしたためである。東京の真ん中にアメリカの宿舎があることは、反米感情を駆り立てるからである。

予想外の展開に慌てた東京都は、なんとか朝霞選手村案への巻き返しを図ろうとするが、都市計画家の高山英華は現実問題として、オリンピックのためには、各施設に近い代々木のワシントンハイツ返還を受け入れ、選手村にするほうがよいと考えた。そこで高山が一役買い、朝日新聞の論説主幹・笠新太郎に話を通し、「朝霞から代々木へ」というキャンペーンを打ってもらったのである。昭和三六年（一九六一）八月二四日付『朝日新聞』の社説はこう書いている。「ワシントン・ハイツは東京の都心部にある旧代々木練兵場跡で」あり「これが返還されるということは、まことに歓迎すべきこと」である。「しかもそれが当面オリンピックという国民的行事に利用され得るならば、なおさら」だ。「ワシントン・ハイツの返還は、オリンピックと切り離しても、早急に実現すべきだ」。米軍の基地が「首都の真ん中にあるという事実は、国民感情からみても面白くないし、将来どのようなトラブルが起こらぬとも限るまい」。「この機を外すと、国際情勢の推移によっては返還のチャンスがなくなる場合もあり得る」。「ワシントン・ハイツは東京都の都市計画では森林並びに運動公園の予定地になっている。緑地の少ない東京に、今後森林公園を作れるのはここ以外には一つもない」

こうして、世論もワシントンハイツを選手村にする案に傾いていった。だが、朝霞案がつぶれては、それまで道路建設計画を進めてきた東京都は面目丸つぶれである。そこで高山英華は、朝霞は一部を米軍から借りて射撃競技を行う、ボート競技も近くの戸田で行う、そうすれば環状七号線をはじめとする道路事業はそのまま進める理由が立つだろうと考えたのだ（『東京の都市計画家　高山英華』）。

このように、昭和三九年の東京オリンピックはさまざまなドラマを生みながら、千駄ケ谷や代々木だけでなく、東京都内だけでもなく、埼玉、神奈川、千葉、さらには軽井沢までを巻き込んで計画され、開催されたのである。

駒沢公園は財界メンバーのゴルフ場だった

ところで、第一二回オリンピック大会のメイン会場となる予定だった駒沢公園には、かつて駒沢ゴルフ場があった。その建設を進めたのは、横浜正金銀行（現・三菱東京ＵＦＪ銀行）頭取の井上準之助だった。

彼は日銀時代、ニューヨーク在勤中にゴルフの面白さを知ったらしい。井上は自ら倶楽部設立の趣意書をつくり、持ちまえの強引さで、ゴルフのゴの字も知らないような人々を説きふせて賛助会員三〇人を募り、否応なしに各自二〇〇〇円の出資金を出させた。出資者のなかには樺山《かばやま》愛輔、岩崎小弥太、朝吹常吉らが名を連ねた。井上は都心から車で出かけられる駒沢に目をつけ、坪五厘で三万五〇〇〇坪（約一一万五五〇〇平方メートル）の借地を決め、大正三年（一九一四）、東京ゴルフ倶楽部を開場したのである（井出孫六『その時この人がいた』）。

オリンピックの中止が決まったあと、昭和一七年（一九四二）に駒沢ゴルフ場跡地は防空緑地に指定され、翌一八年には東京都が買収した。戦後、二二年には自作農創設特別措置法によって農林省に買収されたが、二三年に東京都議会で駒沢緑地総合運動場の設置が決定され、二四年四月に東京都が再び買い戻し、同年一〇月に第四回国民体育大会が開催された。ハンドボールコート（二面）とホッケー場（二面）が新設され、二六年三月に東京都が駒沢総合運動場設置条例を施行、総合運動公園としての整備に着手した。

昭和二八年には敷地北側に東京急行電鉄が駒沢球場を建設、翌年から東映フライヤーズの本拠地となった。三三年には第三回アジア競技大会のためにバレーボールコート二面、同練習場八面を新設。三四年には第一四回国民体育大会のために弓道場が新設された。

そして同年、第一八回オリンピック大会の東京招致が決定したことに伴い、駒沢公園は全面的な改修整備が実施され、陸上競技場、体育館、屋内球技場、第一球技場、第二球技場、補助競技場の六つの施設が完成した。これらの施設が、オリンピックではサッカー、レスリング、バレーボール、ホッケーの会場として使用されたのである（『オリンピック・シティ東京　１９４０・１９６４』、および「駒沢オリンピック公園総合運動場」ウェブサイト）。

駒沢公園全体の総合配置計画をしたのは、都市計画の重鎮・高山英華、体育館と管制塔の設計は芦原義信、陸上競技場（オリンピックではサッカー場として使用）の設計は村田政真《まさちか》が行った。これらの施設を取り囲む公園全体は今、レンタサイクルでぐるりと回って見ることができるが、緩やかな起伏のある土地に木々が生い茂り、実に素晴らしい環境である。

戦前、まだ緑豊かな郊外だった代々木、大久保、阿佐ケ谷で育った高山の原風景は、原っぱであり、空き地であり、子どもたちがそこで暗くなるまで遊び回る姿だった。原っぱには、木登りのできる高木があり、まわりには林や森があり、見上げると青空が広がっていた。だから高山は駒沢公園を森のようにしたいと考

右は駒沢公園のシンボル、オリンピック記念塔（管制塔）。コンクリート打ちっぱなしによる、五重塔のような独特のデザインだ（著者撮影）

えた。森の中にさまざまなスポーツ施設が点在し、公園中をめぐる散歩道があるというイメージだった。ゴルフ場時代から残っていた高木を切らずに残せと造園家に指示したのである（『東京の都市計画家　高山英華』）。

当時、建築評論家の川添登は駒沢公園を視察し、「駒沢オリンピック公園での最大の功労者は、東京都の造園課であろう。数年前から、慎重に計画して植付けられた樹木や芝生は、建築物の竣工と同時に、すばらしい緑を与えている。（中略）あの広大な敷地に、見事に植込まれた樹木こそ、世界に誇ってよい日本庭園技術の勝利」であると述べている（『オリンピック・シティ東京　１９４０・１９６４』）。まさに一度は訪れたい公園である。

イカした街へ——浮上してきた西側地域

オリンピックという国際的な一大イベントの開催は、東京の西側地域のイメージをも国際化した。しゃれたレストランやブティックが青山、渋谷、世田谷といった地域に増えていった。ワシントンハイツに隣接していた原宿は、米軍の払い下げ品や、米軍向けに物を売る店が栄えていたが、オリンピック以降はさらに欧米の雰囲気を漂わせるしゃれた街に変わっていった。そして世田谷もいつしかおしゃれな街と言われるようになっていった。

当時の雑誌を見ると、これらの地域がオリンピック以降、一九七〇年代にかけて次第に注目されるようになっていったことがわかる。

昭和四〇年の「特集　青山・原宿はイカした君たちの街　東京のニュー・プレイタウンを楽しもう」（『漫画サンデー』一月六日号）という記事はかなり早い。「イカす」という言葉は今はまったく使われないが、「イカす彼女」「イカしたクルマ」のように当時はよく使われた。今だと、「イケてる」だろうが、「イカす」のほうが「イカれた」感じがして、当時の世相に合っている。

七〇年代になると「麻布・青山・六本木　新らしいＴＯＫＹＯのプレイタウン」（『月刊ペン』七二年一二月号）、「原宿・青山・渋谷　〝進んでる〟女の子を誘う東京の気取った飾り窓」（『週刊朝日』七三年一〇月二六日号）、「セントラル・アパートのＮＯＷな昼と夜　よみがえるヤング・ファッションの震源地　東京・原宿」（『平凡パンチ』七三年六月二五日号）など、原宿、青山、渋谷の記事が増える。

さらに昭和五〇年（一九七五）を過ぎると「わたしがガイドするすてきな街・ステキな店　自由が丘」（『女性セブン』七五年六月一八日号）、「グラビア続・東京のおしゃれ通り地図帳　自由が丘、下北沢」（『女性自身』七六年三月四日号）、「ニューファミリー　東京じてんしゃ小旅行　駒沢公園から自由が丘へ」（『週刊文春』七七年六月一六日号）というように、駒沢、下北沢といった世田谷区の街と自由が丘も記事になっていく（自由が丘は目黒区だが、世田谷区奥沢、等々力と隣接している）。当時流行り始めていた「ニューファミリー」という言葉が、駒沢や自由が丘という、ちょっとリッチな地域と結び付けられている

「だれでもすぐに好きになっちゃう街　それが自由が丘なのだ」とある（『女性セブン』1975年6月17日号より）

のが興味深い。

また、繁華街だけでなく、世田谷区を代表する高級住宅地である成城についても、「特集徹底ルポ　有名スター、著名人の集まり住む街……最高住宅地〝東京都世田谷区成城〟」（『週刊平凡』七七年一〇月二〇日号）といった記事が登場する。さらに、五二年に東急新玉川線（現・田園都市線）が渋谷から二子玉川まで開業したのを機に、「新玉川線は新しい若者エリアだ」（『女性自身』七七年一二月一五日号）、「グラビア　２人で歩くか、１人で歩くか　東京『新しい街』ガイド　二子玉川」（『週刊現代』七八年四月二〇日号）といった記事も増えていく。

このように東京オリンピックから十数年かけて、渋谷、原宿、青山、駒沢、下北沢、自由が丘、成城、二子玉川といった地域が新しいおしゃれな街、若者の街として注目されていく。これらの街は、オリンピックがつくり出した新しい日本の街、東京の街だと言えるだろう。そこには青山通りを含む国道二四六号線などの広く新しい自動車道があり、そこをドライブすることが、イカした若者のライフスタイルになった。

当時まだ高級だったクルマを買えたのは、医師、経営者、そして芸能人やスポーツ選手である。今からは想像しにくいが、当時、芸能人やスポーツ選手がドライブをするシーンはものすごくカッコよくて、若者は誰もがクルマに憧れたのである。たとえば、成城には、石原裕次郎、三船敏郎、加山雄三、田村正和、大原麗子、山本リンダらが住んでいた。彼らが世田谷区や目黒区に住み、高級車を乗り回すようになることで、この地域のイメージがイカしたものになっていったのだと思われる。高級車を乗り回すことは、まさに時代の先端だったのだ。

世田谷・目黒がおしゃれ化した理由

実際、東京オリンピックの開催によって最も恩恵を受けた地域は、千駄ケ谷、青山、代々木、渋谷から、駒沢公園、馬事公苑へとつながる国道二四六号線の沿線地域であろう。赤坂見附から渋谷をつなぐ青山通りは都電（路面電車）が走っていたが、オリンピック開催に合わせた東京大改造の中で、クルマ社会に対応するために都電は廃止され、道路の幅も広げられた。青山通りに限らず都電は昭和四七年までにほとんどが廃止され、以来、荒川線が残るだけである。

ＮＨＫは、昭和一三年（一九三八）から内幸町に本部があったが、ワシントンハイツ返還後、そこに「五輪放送センター」を設立。昭和四八年には内幸町本部を閉鎖し、全面移転した。これによって日本中の人々が、毎日渋谷区という地名を聞くようになった。東京の中心は日本橋、銀座方面にあったが、オリンピック以来、青山、渋谷、世田谷方面の開発が進み、東京の重心が次第に西側に移動していったと言えるのである。

自動車も現在は地方のほうが多く普及しているが、昔は違った。平成二六年の全国の乗用車保有台数五九三六万台のうち、東京都は約五パーセントの三〇九万台だが、昭和四一年は全国二二九万台のうち、東京都は約二二パーセントの五〇万台だった。クルマは都会のものだったのだ。もっとも、高級外車は今でも東京中心だ。自動車検査登録情報協会の「市町村別・ブランド別輸入車保有台数」によると、都道府県別のメルセデス・ベンツ保有台数は東京で一一万四五三六台（平成二五年三月現在）。東京二三区で人口当たりのベンツ台数が多いのは断トツで世田谷区、次いで港区、大田区、渋谷区、さらに練馬区、杉並区と続く。

このように、オリンピックによる東京改造と自動車道路網の整備は、クルマのある新しいライフスタイルを広げることにもなり、そのパイオニアのひとつとして世田谷区、目黒区が台頭していったと言える。面白いのは、同じ「西側」でも、世田谷区や目黒区、東急沿線がおしゃれな街として注目されていくのに対して、杉並区や中央線沿線はそうではなかったという点だ。「女子大生のメッカ　東京・西荻窪　地味でマジメで勉強が好き」（『平凡パンチ』七五年三月三日号）、「中央沿線で強く美しく生きる法　青春の証明とは、大盛りどんぶり飯をたいらげることなり　高円寺」「文化とは貧しさの中からこそうまれてくるものなのだ　阿佐ケ谷」「飯屋、飲み屋のおじさんおばさんこそが君が人生の師なり　荻窪」（『ａｎｇｌｅ』七八年一一月号）など、おしゃれではない街として描かれている。そして、八〇年代には、おしゃれでナウい世田谷に対して、地味でダサい中央線という認識が定着していった。

しかし、現在、確かに今も世田谷はおしゃれだと思われているが、中央線はそれほどダサいとは思われなくなった。そもそも、ナウい、ダサいという基準があまり重視されなくなった。それは、現在の東京がすでに成熟期に入っているからであろう。欧米のような街がカッコいい、カッコいいクルマがたくさん走っている街がおしゃれだという価値観も弱まっている。

二〇二〇年の東京オリンピックは東京をどう変えるだろうか。それは単に道路が整備され、密集地域が再開発されるというものではないはずだ。

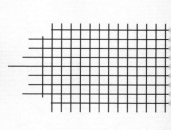

第六章

競馬場はなぜ府中と中山にあるのか?

馬と都市をめぐる考察

上：府中の旧競馬場。スタンドの上の塔が後に馬霊塔として使われた
下：群衆でごった返す中山競馬場の観戦席（昭和 30 年当時）
（日本中央競馬会提供）

たくさんできた競馬場

東京都内で競馬場と言って思い浮かぶのは、東京競馬場（府中市）と大井競馬場（品川区）である。千葉県では中山競馬場（船橋市）が日本の競馬の中心地であることは言うまでもない。府中と中山は中央競馬会の競馬場、大井は地方競馬である。

では、そもそもなぜ府中や中山や大井に競馬場があるのか？　私はこれまで東京の歴史をいろいろな角度から調べてきたが、こういう素朴な疑問を持ち始めると、東京という都市には無数に調べることがある。いくら調べても調べ尽くせないほど巨大で、歴史があり、しかもその歴史が単線的ではなく重層的な性格を持っている。競馬場についても、単にいつ誰がそこにつくったかがわかればいいというだけではない。なぜつくったのか、なぜそこにあるのかを調べていくと、意外に深い歴史があることが見えてくる。

今あるような、速さを競う近代的な競馬が導入されたのは、後で詳しく述べるが軍事的な理由である。日清・日露戦争において日本の軍馬が西欧諸国に劣ることを痛感した政府が、馬を改良するために明治三九年（一九〇六）に馬政局を設置し、馬券発売を伴う競馬の振興を行ったのである。あえてギャンブル化することで、馬産のための資金を集めたのだ。

また明治天皇は競馬好きで、馬を改良するには競馬こそが最も適当であると考え、明治六年（一八七三）には西郷隆盛を従えて、日本初の競馬場である横浜根岸の競馬場に行幸したのを最初に、根岸競馬には一四回行幸した。明治一三年（一八八〇）六月九日に根岸で開催された「天皇花瓶競走」が天皇賞の起源と言われる。

明治一七年には「官吏乗馬飼養令」が発布され、月給一〇〇円以上の官吏が俸給に応じて定める頭数の馬を飼うことが義務づけられた。この令は明治二四年に廃止されたが、馬の改良の必要性を官吏に認識させる効果を持った（武市銀治郎『富国強馬』）。

さらに、世田谷にある馬事公苑は、今上天皇のご誕生（昭和八年一二月二三日）奉祝記念行事の一環として計画され、昭和九年（一九三四）に用地買収されたもので、第一二回東京オリンピック開催が昭和九年に決定されたのに伴い用地が追加買収された。戦争のためにオリンピックは返上され、馬事公苑も建設を中断したが、昭和一五年に開苑したのである。

こうした馬の改良、競馬尊重の風潮の中で、東京都では明治四〇年（一九〇七）に目黒競馬場が開設され、明治四三年には東京競馬倶楽部が設立された。しかし、開催規模が拡大するにつれて施設が狭くなり、また関東大震災後に周辺地域が市街地化したため、府中に移転した（日本中央競馬会編『日本中央競馬会20年史』）。現在の府中競馬場以外では、同じ府中・多磨村の低地、同・多磨村の浅間町、羽田の埋立地（現・羽田空港手前）、小金井村北方（現・小金井市、小平市）、世田谷の用賀あたり（馬事公苑）などが候補地となっていた。しかし、馬の管理に必須である質のよい多量の水と青草が得られることなどが要因となって、現在の場所が選ばれた。

昭和二年（一九二七）、地方競馬規則が公布され、蒲田区羽田町に羽田競馬場が建設された（昭和一二年に廃止）。昭和三年には、八王子競馬場が建設されたが、昭和二四年に廃止され、それに代わり翌二五年に大井競馬場が発足した。

神奈川県ではすでに幕末に横浜・根岸の外国人居留地における娯楽施設として競馬場が建設されていたが、それは特別なもので、本格的に競馬場がつくられるのは、昭和六年（一九三一）の川崎大師競馬場、戸塚競馬場である。その後、川崎競馬場は大師から場所を移して現在地に昭和二五年に開設、戸塚競馬場は廃止された。

埼玉県では昭和二年（一九二七）、秩父競馬が発足したが、昭和四年に川越競馬が発足すると秩父競馬は廃止。昭和三年に熊谷競馬、翌四年に大宮競馬が発足。しかし昭和一四年には軍馬資源保護法により川越競馬が閉鎖され、翌一五年に春日部競馬場（かつては粕壁競馬場）が軍馬のための競争場となった（昭和二三年に廃止）。昭和二三年に浦和競馬場ができている。

千葉県では、明治四〇年（一九〇七）に松戸に総武競馬会が組織され、松戸競馬場で競馬を行っていた（詳しくは後述）。また、千葉県畜産組合連合会では、大正末期から千葉市内の椿森で競馬を行ってきたが、昭和二年（一九二七）に東葛飾郡柏町に移転、近代式競馬場が建設された。この柏競馬場では翌三年から競馬が行われ、軍馬資源保護法公布後は鍛錬馬競走が行われた。戦後は千葉県が昭和二四年から県営競馬を開催した。

また、昭和六年（一九三一）には市川競馬場が発足した。これは千葉県香取郡香取町九美上で馬産家の菅井家が経営する牧場に付属する馬場だったも

かつて柏競馬場があった付近の空中写真。現在は豊四季台団地になっている（昭和 36 年当時、国土地理院提供）

のに香取郡産馬組合が目をつけて、東葛飾郡行徳町本行徳（現・市川市）に移転したものである。

船橋競馬場は昭和二五年（一九五〇）に発足したが、その後、隣接して船橋ヘルスセンターが開業し、地域全体として一大レジャーゾーンとなった。昭和三四年には世界初の「競馬馬温泉療養所」が開設され、多くの名馬がこの温泉で治療し現役にカムバックしたという（馬事文化財団編『地方競馬史』第1巻）。

このように東京圏では多くの地域で競馬が行われてきた。ということは、いきなり馬が増えたわけではなく、昔からたくさんの馬が江戸東京の生活に使われていたということでもある。

府中と馬の歴史

府中の東京競馬場は昭和八年（一九三三）に開設。中山競馬場は大正一二年（一九二三）に開設された。そしてなぜか府中と中山はＪＲ武蔵野線で結ばれている（府中本町駅と船橋法典駅）。武蔵野線は、戦前に「東京外環貨物線」として計画され、戦時中に計画が凍結されたが、戦後、昭和三九年に日本鉄道建設公団によって着工された。そして新松戸―西船橋駅間は、建設当時は小金《こがね》線という名称だった。

そもそも馬は、昔から日常的な交通手段、輸送手段であり、軍事手段でもあった。現在の自動車のように、馬は物資を運び、人を運び、戦闘に使われたのだ。戦後ですら、自動車が普及するまでは馬が輸送手段だった。馬こそが古くからの主要な交通手段であったことは、「駅」という字が馬へんであることからもわかるし、小伝馬町《こでんまちょう》、大伝馬町《おおでんまちょう》といった地名からもわかる。そもそも駅という字は「うまや」とも読むのである。

伝馬《てんま》とは馬を交通手段として物資や使者を伝えることであり、全国各地に伝馬の駅があった。駅伝と言えば今は箱根の山を学生が走るが、日本中の駅と駅とを結んで、馬で伝えるのが本来の意味である。

地名でも、群馬、相馬、対馬、東京には高田馬場、馬喰町《ばくろちょう》、馬込、駒場、駒沢、駒込、上馬、下馬など、馬に関わるところは多い。駄作、下馬評、駆けっこ、ご馳走など、日常語にも馬がらみの文字や言葉は使われる（太った馬で「駄」というのは、なかなか面白い。ご馳走は、あちこちを駆けずり回って食べ物を集めることだという）。それくらい日本人の生活に馬は浸透していたのだ。

こう書いてくると、府中と中山に中央競馬会の中心となる競馬場があるのは、ただ無作為に土地を選んだ結果ではなさそうだという気がしてくる。

府中は古代の武蔵国の国府があった場所である。国府は七世紀以降に設置されたが、当然ながら交通の要衝であり、行政、軍事などの必要から馬が必須であった。

国府が各地に整備され始めたころ、文武天皇の時代（六九七〜七〇七年）には厩牧令《くもくりょう》が発布され、天皇直轄の「御牧《みまき》」が甲斐、武蔵、上野、信濃の四カ国に置かれ、兵部省《ひょうぶしょう》が管轄する「諸国牧」が駿河、相模、安房、上総、下総など一七カ国に置かれた。ここから毎年貢ぎ物として一定頭数の馬が献上され、良い馬は伝馬となり、ほかは売却された。特に下総牧は優れた馬を産出したと言われる。関東地方の武士が強かったのも、馬の扱いに長《た》けていたからであった。源頼朝の愛馬「摺墨《するすみ》」も下総から出たという（宮内庁『下総御料牧場史』）。

府中周辺では、平安時代、正確にどこにあったかは不明だが、おそらく現在の府中から立川にかけて「小野牧」と呼ばれる牧があったという。ほかにも秩父などに牧があったそうだ。そこが武蔵国府のための馬を産出したようである。

府中市住吉町にある小野神社や多摩市一宮の小野神社が、牧場を管理していた小野氏にゆかりがあると言われている。小野氏は古くからの名門であり、小野道風、小野小町、小野妹子らも輩出している。小野氏は京都から武蔵国府に赴任し、そのまま多摩に住みついたらしい。そして、小野氏一族が牧場の経営を通じて勢力を増し、地域の有力者となり、その子孫が多摩の横山地域（八王子市あたり）を地盤とする横山党などの武士団を生んだ（ＪＲＡ競馬博物館編『府中と東京競馬場』）。

こうした歴史があるため、府中の大國魂《おおくにたま》神社では、江戸時代まで馬市が開かれていた。大國魂神社の創設は国府よりもはるかに古く、西暦一一一年と言われるが、その例大祭「くらやみ祭」では、五月三日に競馬式《こまくらべ》が開催される。といっても走るのではなく、馬に乗って歩いて、馬の見事さを競うイベントである。

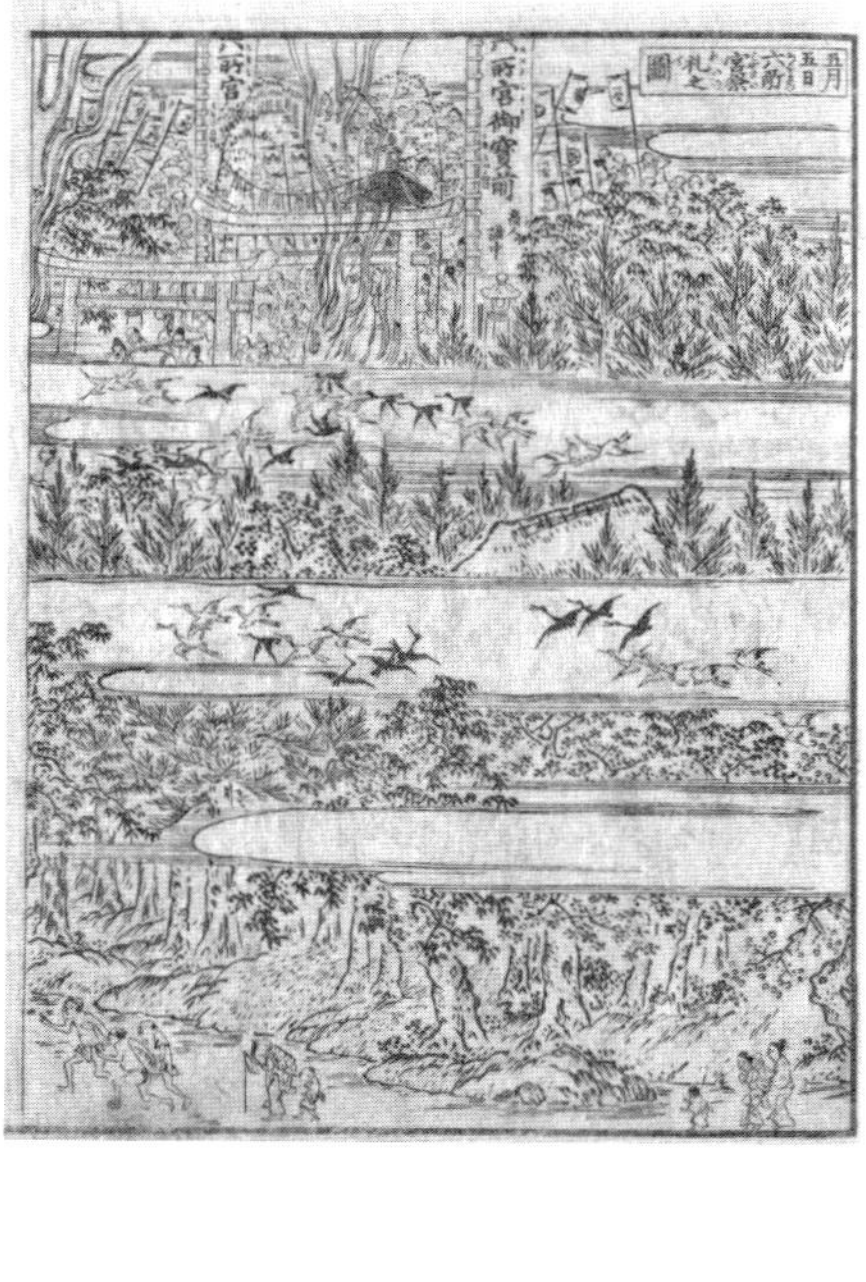

『江戸名所図会』には「五月五日六所宮祭礼之図」として、大國魂神社のくらやみ祭が描かれている（国立国会図書館蔵）

また同神社ではできてからは、毎年九月に、境内の東側にある「細馬《ほそま》」、西側にある「駆馬《かけま》」という道で、各地の牧場から集めた若い馬を走らせ、良い馬を選び、朝廷に献上した。徳川家康が関ヶ原の合戦や大坂の陣で乗った馬も府中の馬市で選ばれたという。

競馬場通りから京王線のほうへ上る坂は「馬坂」の名が残っている。この坂の近くには幕府御家人の身分を持つ「馬医」が住んでいた。現在の府中競馬正門前駅のあたりにあった馬医の住居は「馬医者屋敷」と呼ばれたそうだ。

競馬場の西を走る府中街道の、府中本町駅のすぐ目の前に御殿坂という坂がある。坂の上には安養寺という寺があり、その東には国府八幡神社がある。つまり段丘の上に寺社があり、崖の下に競馬場がつくられたのだ。

崖を下る坂にはわき水が出る。それが小川となって流れる。この坂の下にも、かつては小川が東西に流れていた。この小川を暗渠《あんきょ》化したのが、ほぼ今の競馬場

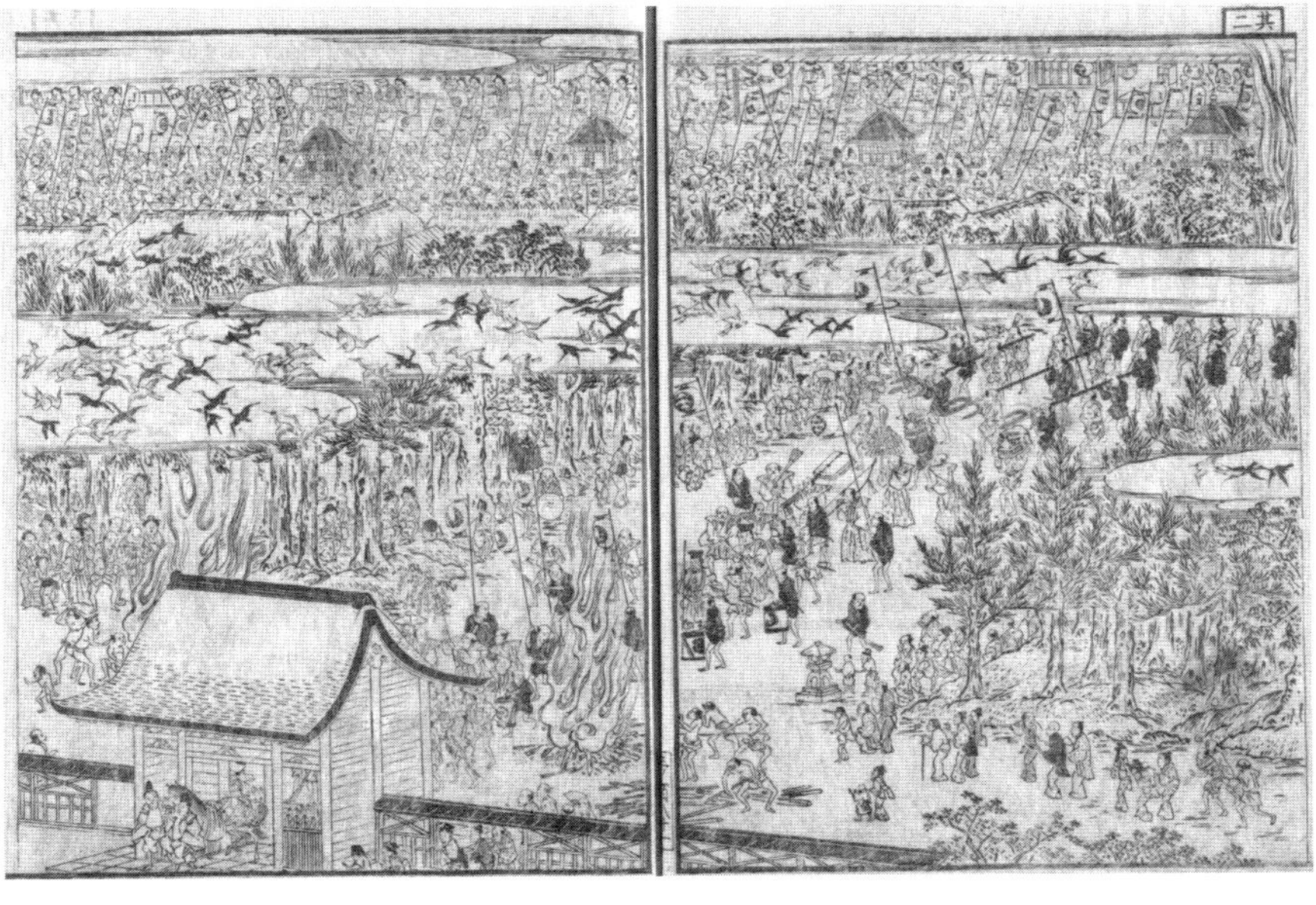

通りである。かつての小川では、馬が冷たい水で疲れた足を冷やしたという。このような歴史を踏まえ、かつ古くからの地形を生かしながら府中に競馬場がつくられたのである（ＪＲＡ競馬博物館編『府中と東京競馬場』）。

昭和八年（一九三三）に竣工し、東洋一の近代的競馬場として誕生した東京競馬場は、敷地面積二四万坪。大國魂神社方面からは急な坂を下った低地であり、古代はまさに国衙《こくが》の一部だった。これまでの考古学調査では、弥生時代の土器埋置遺構、土器片、石器、古墳時代後期や古代の竪穴建物跡、古代の流路跡と土器片、中世の井戸跡、近世の水路跡、畑跡、道路跡などが見つかっている。

明治初年から競馬場建設前までは、網の目状の水路が張り巡らされた田んぼであり、寺と墓地もあった。競馬場南側では江戸時代に洪水の記録があったため、競馬場建設時には厚く盛土をしたという。

目黒から府中に競馬場が移転したのは、関東大震災後に目黒の市街地化が進んだことが一因だが、同様の理由で、昭和一〇年には巣鴨から刑務所が、本郷から東京高等農林学校（現・東京農工大学農学部）が府中に移転している。また、一二年には陸軍燃料廠、一三年には日本製鋼所武蔵製作所、一五年には東芝府中工場、一六年には日本小型飛行機株式会社が設置されており、東京の近代化の中で府中が工業化の一翼を担ったことがわかる（日本中央競馬会東京競馬場、府中市教育委員会、府中市遺跡調査会『府中市埋蔵文化財調査報告　第38集　武蔵国府関連遺跡調査報告　35　第1分冊』）。

競馬場通り沿いに、馬頭観音と馬霊塔がある。馬頭観音は旅の途上で死んだ馬を祀ったもので、古い街道沿いにしばしばある。この馬頭観音がいつできたかものかはわからないらしい。馬霊塔は、昭和四三年（一九六八）の競馬場スタンドの改築時に現在地に移した。四角い廟は、旧競馬場スタンドの中央部として建てられたものである（東京大学大学院工学系研究科建築学専攻建築史研究室『府中市の歴史的建造物』）。

松戸は「うまさと」だった

一方、中山競馬場は先述した松戸競馬場が移転したものだ。松戸という地名は「うまさと」が変化したものであるとされる。松戸市のウェブサイトによると、「交通の要衝であり、太日河《ふとひがわ》（現在の江戸川）の津（渡し場）でもあったことから『馬津《うまつ》』とか『馬津郷《うまつさと》』と呼ばれていた」とある。松戸市には馬橋、千駄堀、船橋市には馬込という地名もあり、このあたりが馬と関わりの強い地域だとわかる。少し離れるが幕張も「馬加《まくはり》」が語源とのこと。

松戸競馬場は、今のJR常磐線松戸駅からほど近い小高い丘の上にあった。現在は松戸中央公園や聖徳大学になっているところだ。古くは千葉県東葛飾郡松戸町大字松戸向山、明村大字岩瀬、相模台と言った。相模台の名は、嘉

府中の競馬場の北側にある馬頭観音と馬霊塔。馬霊塔は旧競馬場のスタンドについていた塔を利用した（著者撮影）

暦元年（一三二六）に北条相模守高時が居城したことにちなむ。天文七年（一五三八）には関東地方の戦国時代三大合戦の一つと言われる「相模台の合戦」があった古戦場でもあった（日本中央競馬会中山競馬場『中山競馬場70年史』）。

松戸の南西部から鎌ケ谷付近を中心にして、古くから中野牧という牧場があった。この中野牧を含むより大きな牧の名前が小金牧。だから武蔵野線の新松戸—西船橋駅間が小金線と呼ばれていたのだ。

その東の現在の佐倉市方面には佐倉牧があり、小金牧と佐倉牧を合わせて下総牧と言った。

そして松戸の南には下総国の国府があった。京成本線国府《こうの》台《だい》駅の北側、和洋女子大学、千葉商科大学のあるあたりだ。江戸川に面した里見公園に国府台城がある。当然、古代から馬が必須だった。

市川に競馬場がつくられたのも国府に近いといういわれがあったからかもしれないし、川崎、戸塚、浦和、八王子なども宿場町だったから馬が集まっていたという土地柄があるかと思われる。何のゆかりもないところに、いきなり競馬場が

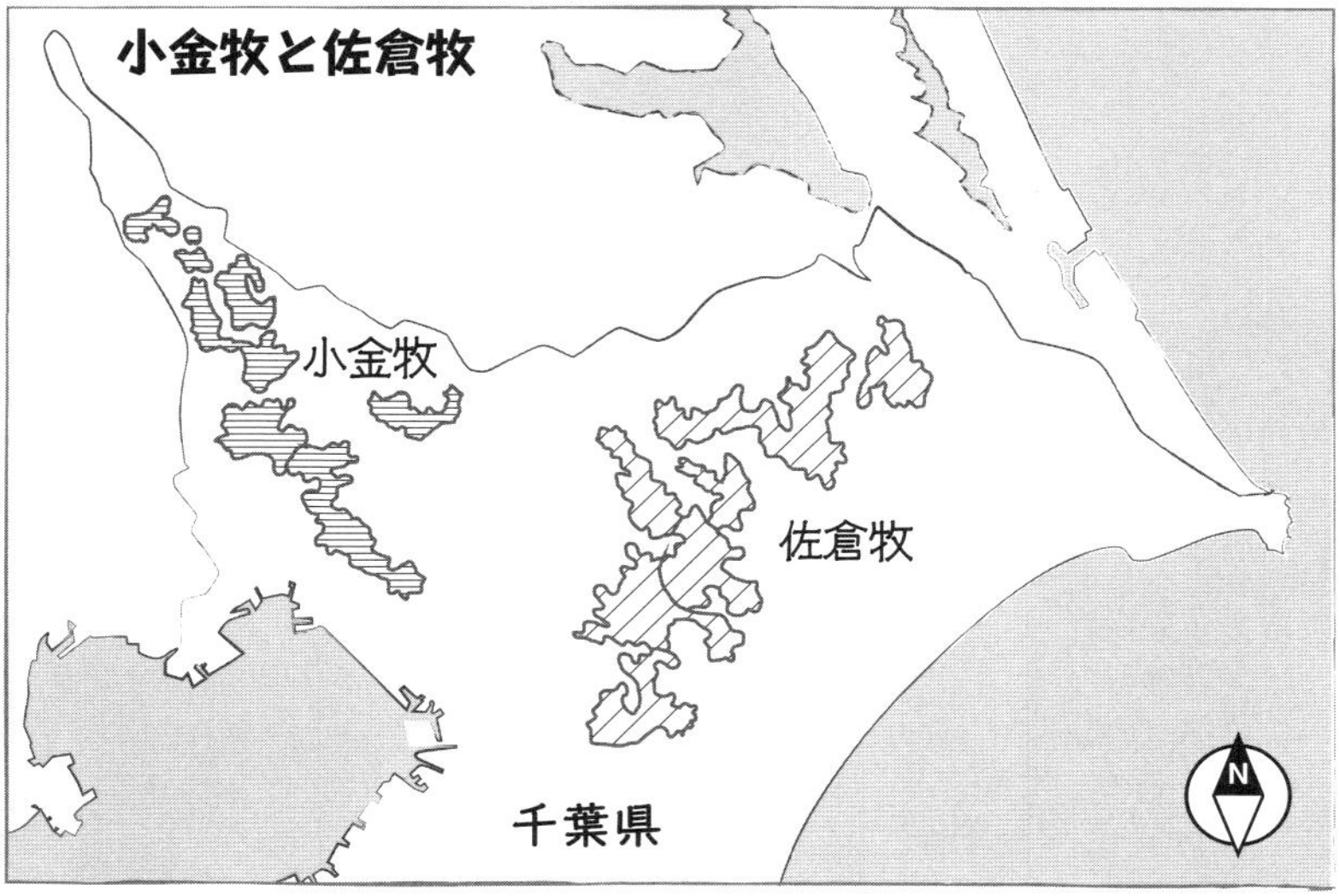

千葉県教育委員会『房総の近世牧跡』「県内牧跡分布」をもとに作成

つくられはしなかったはずである。

古代の国府同士は、道路でほぼ一直線に結ばれたらしい。しかし、武蔵国から下総国の間、今で言う江戸川、中川、荒川などの流域は湿地帯だった。そこで府中から国府台よりも川幅の狭い北側の松戸に向かい、松戸から国府台に南下するというルートが選ばれたという説もある。松戸は、下総国府、常陸国府、武蔵国府を結ぶ道の結節点だったのだ。また、鎌倉時代には松戸は鎌倉街道の宿場となった。

面白いことに、府中から松戸までを一直線に結んだ線上に二つの駅があった。豊島《としま》駅と乗潴《あまぬま》駅である。豊島駅は現在の北区西ヶ原にあったらしい。隣に駒込という地名があることからもこのあたりが駅だったと知れる。

乗潴は杉並区天沼《あまぬま》であるという説と、「のりぬま」と読ませて練馬であろうという説がある。私は古代史のまったくの素人だが、府中と松戸を結ぶ一直線上に位置しているという意味で、天沼であると思いたい。

下総国の駅は井上《いがみ》駅だが、その場所にも諸説あり、松戸方面だろうという説とやはり国府台にあったという説があるが、国府台説のほうが有力らしい。素人考えだが、「いがみ」は「いづみ」にも通じるだろうから、下総台地から下る崖の途中で湧き出る水の意味だとすれば、湿地帯に面した坂の途上にあったのだろう。

それが国府台にあったとすると、豊島駅と井上駅は北緯ではほぼ同じ線上にある。つまり豊島駅からほぼ真東に向かって行けば井上駅に至るのだ。そして、井上駅がどこにあったにせよ、

古代の国府、駅、駅路

1　武蔵府中熊野神社古墳
2　北大谷古墳
3　多摩稲荷塚古墳
4　臼井塚古墳
5　馬絹古墳
6　天文台構内古墳
7　八塚古墳
8　山王塚古墳
9　鶴ヶ丘稲荷神社古墳
10　穴八幡古墳
11　宮塚古墳
12　小見真観寺古墳
13　八幡山古墳
14　地蔵塚古墳
15　愛宕山古墳
16　宝塔山古墳
17　蛇穴山古墳
18　山ノ上古墳
19　巌穴山古墳
20　野木大塚古墳
21　桃花原古墳
22　吾妻（岩屋）古墳
23　丸塚古墳
24　車塚古墳
25　下石橋愛宕塚古墳
26　多功大塚山古墳
27　梅曽大塚古墳
28　船玉古墳
29　花園３号墳
30　虎塚古墳
31　吉田古墳
32　太子唐櫃古墳
33　折越十日塚古墳
34　宮中野99号墳
35　浅間山古墳
36　龍角寺岩屋古墳
37　駄ノ塚古墳
38　東間部多11号墳
39　六孫王原古墳
40　割見塚古墳

江口桂『古代武蔵国府の成立と展開』より転載

中山競馬場にほど近い場所だったとは言えるだろう。

豊島駅から国府台までの直線上には葛飾区の立石がある。立石という地名は古代道路のあったところにしばしば見られる地名である。立石から奥戸街道で中川を渡る橋のたもとに馬頭観音があり、ここが古くからの街道であることがわかる。

「日本軍は馬のような格好をした猛獣に乗っている」

ジャレド・ダイアモンドの著書『銃・病原菌・鉄』は、スペイン人の南米インカ帝国の侵略において馬の果たした大きな役割を指摘している。馬に乗り、鉄製の武器と銃器を持ったスペイン人の騎兵隊がインディオを襲い、騎兵隊が撃つ銃声、馬に付いた鳴り物が立てる音だけでも、それまで馬を持たなかったインディオは驚き、大混乱に陥った。逃げ惑うインディオを追いかけ、滅多斬りにした。一五三二年、ペルーの高地カハマルカにおいて、一六八人のスペイン兵は一人の死者も出さずに、何千人というインディオを殺したという。

家康も「天下の主たりとて常々熟練しなければならないのは騎馬と水練である」と言った。歴史の教科書に出てくる太った家康像からは想像できないが、家康自身が東海一の馬の名手だったという。

家康が江戸に来て最初に取りかかった事業の一つが野菜、塩、馬の確保であるが、家康はこの三つを千葉県から得ることとした。千葉県は今でも東京都民にとって野菜の供給地であるが、それは江戸時代からだったのだ。

塩は市川の塩浜からとる。魚は船橋から。そこから塩と魚を日本橋方面まで運ぶための運河として家康は小名木川をつくった（第一章参照）。

そして馬は、もちろん府中からも他の国からも集めたが、下総と上総の牧に野馬奉行を置き、馬の生産に力を入れたのである。特に小金牧は江戸にも近く、現在の野田、柏、松戸、鎌ケ谷、八千代、船橋、習志野、千葉、流山、白井、印西の各市にまたがるほど広大なものだった。優れた馬（駿馬《しゅんめ》、優駿）は幕府が使い、その他の駄馬は民間に払い下げた。

八代将軍吉宗は、さまざまな政治改革をした名君だが、馬についても積極的であり、下総の小金牧、佐倉牧、安房の嶺岡牧で一万頭の増産を図り、小金牧では将軍家主催の狩猟がしばしば開催された（『下総御料牧場史』）。

明治になると、政府は、日本の馬およびその他の家畜、家禽《かきん》類がすべて欧米とは比較にならぬほど質が劣ることを踏まえ、それらの改良に乗り出した。明治三三年（一九〇〇）の北清事変（義和団事件）の際には、列国の軍隊から「日本軍は馬のような格好をした猛獣に乗っている」と酷評されたほどだったからである。アメリカから種馬を購入して帰国した者も、銀座の鉄道馬車は「立派美麗」だが、それを引く馬はアメリカの馬の半分の力しかなく、乞食の子どもが人力車を引いているようなものだと嘆いたほどであった。当時の日本の馬の体高はせいぜい一四〇センチ弱であり、走る速度も遅かった。しかし近代的軍隊においては、馬は歩調をそろえて速度を増して前進しなくてはならない。重火器を運ぶ力も、持久力も必須である。というわけで、日本の馬の大改良が喫緊の課題となったのである（武市銀治郎『富国強馬』）。

明治八年（一八七五）、内務省所管下総牧羊場及び取香《とっこう》種畜場が佐倉牧の一部である取香牧（現在の成田市あたり）に設置された（一八八八年、下総御料牧場と改称）。世界から良種の農作物の種子や家畜類を輸入し、試作、飼育し、家畜については民間に牧畜会社をつくらせた。

また、軍隊については、明治四年（一八七一）年に新政府直轄の御親兵が設けられ、翌年近衛隊と改称、明治六年には、幕府の牧だった下総の大和田原に陸軍演習場、騎兵学校がつくられ、明治天皇の下で演習が行われた（萌黄会編著『日本騎兵八十年史』）。

習志野の語源は諸説あるが、そのうちの一つに、天皇行幸の際に指揮官の篠原国幹《くにもと》少将の活躍がめざましく、天皇が「篠原に習うように」と言われたことから「ナラウシノハラ」「ナラシノハラ（習志野原）」となったという説がある。

ついでながら、習志野駐屯地の横に薬園台という地域があるが、これも吉宗が主として朝鮮人参を日本で栽培する研究のためにつくらせた薬草園が由来である。

また、習志野には日露戦争後に捕虜収容所が置かれ（現在の習志野市東習志野あたり）、一万五〇〇〇人近いロシア兵が収容された。所内にはロシア正教教会、学校、病院、パン工場もあったという（八千代市立郷土博物館企画展「習志野原〜明治天皇から終戦まで」）。もちろん陸軍演習場は、戦後、陸上自衛隊習志野演習場となっている。

習志野以外でも、明治以降、日本の軍事力が拡大するのと並行して、小金牧には多くの軍事施設がつくられるようになる。松戸と柏には陸軍飛行場がつくられた。松戸競馬場も陸軍施設になった。これも、馬が産出されるという土地柄ゆえであろう。

中山競馬場の発展

さて、先述した松戸競馬場は大正八年（一九一九）に、葛飾郡中山町と葛飾村にまたがる土地に移転、中山競馬倶楽部と改称し、大正九年（一九二〇）から競馬を開催した。これが中央競馬会中山競馬の始まりである。

松戸から移転をすることになった理由は、競馬場の第二コーナーの湾曲が危険であり、落馬事故が多発したためである。さらに、陸軍工兵学校を創設するために、競馬場の接収を要請されたため、それを好機ととらえて移転が決定された。何度も見るように、競馬場と戦争、軍隊には何かとつながりがある。

そこで、千葉県内にあり交通至便で東京に近いという基準で新天地を探した。最初は松戸競馬場の隣の矢口村の地主に打診したが不調に終わり、次に浮上したのが中山だった。日蓮宗四大本山のひとつである中山法華経寺の門前町として発展した中山町は、明治二八年（一八九五）に総武鉄道の中山駅（現・JR総武線下総中山駅）が開設されると、ますます栄えた。人や物資の集散地であった駅周辺には青物市場もあり、近隣の農村から野菜などを積んだ荷車やリヤカーが集まる活気のある場所だった（『中山競馬場70年史』）。
昭和三年（一九二八）、現在の場所に建設された中山競馬場は、第二次世界大戦の末期には競馬が中止されたが、戦後の昭和二二年に再開され、二九年には日本政府全額出資の特殊法人日本中央競馬会が設立された。

中山競馬場の三大レースは、昭和九年（一九三四）からある中山大障害、昭和一四年に横浜競馬場で始まった皐月賞、そして昭和三一年に始まった有馬記念である。

有馬記念は、当時の中央競馬会理事長の有馬頼寧《よりやす》の発案による中山グランプリとしてスタートしたが、昭和三二年（一九五七）に有馬が急逝したため、その功績をたたえて「有馬記念」と改称されたものである（中央競馬会『中山競馬場50年のあゆみ』）。

有馬は明治一七年（一八八四）、旧久留米藩主の有馬家当主で有馬頼万《よりつむ》伯爵の長男として東京・北千住に生まれた。東京帝国大学農科大学農学科（現・農学部）を卒業後、農商務省に入省したのち、母校で教鞭を執った。大正一三年（一九二四）に衆議院議員。農林大臣を務めた。

中山競馬場新スタンド完成時（日本中央競馬会提供）

名前の通りの馬好きで、北千住がしばしば水害にあったことから、大正三年、杉並に一五〇〇坪を購入して別荘としつつ、牧場をつくって馬の研究をした。かつてそこは有馬が原と言われたというのだから気宇壮大。また、それまでは一山いくらで売買されていた土地を、初めて坪単価いくらで買ったという。有馬が原があったのは、現在の杉並区上荻四丁目（JR中央線・西荻窪駅北方面）あたりで、今も末裔の方々が住んでおられる。

この有馬は昭和三〇年（一九五五）、日本中央競馬会第二代理事長に就任すると、「日本中央競馬会の国庫納付金等の臨時特例に関する法律」（通称「有馬特例法」）を立案。売上金の国庫への納付を免除するもので、売上金を競馬場の施設などハード面の整備にあてるなど、わずか一年数カ月の在任期間中に中央競馬発展の基礎を築いたのだった。

有馬特例法により、老朽化し、かつ戦時中に鉄を献納したために見る影もなくなっていた日本中の競馬場の改築資金ができた。中山競馬場は昭和三一年（一九五六）、

中央競馬会売得金額

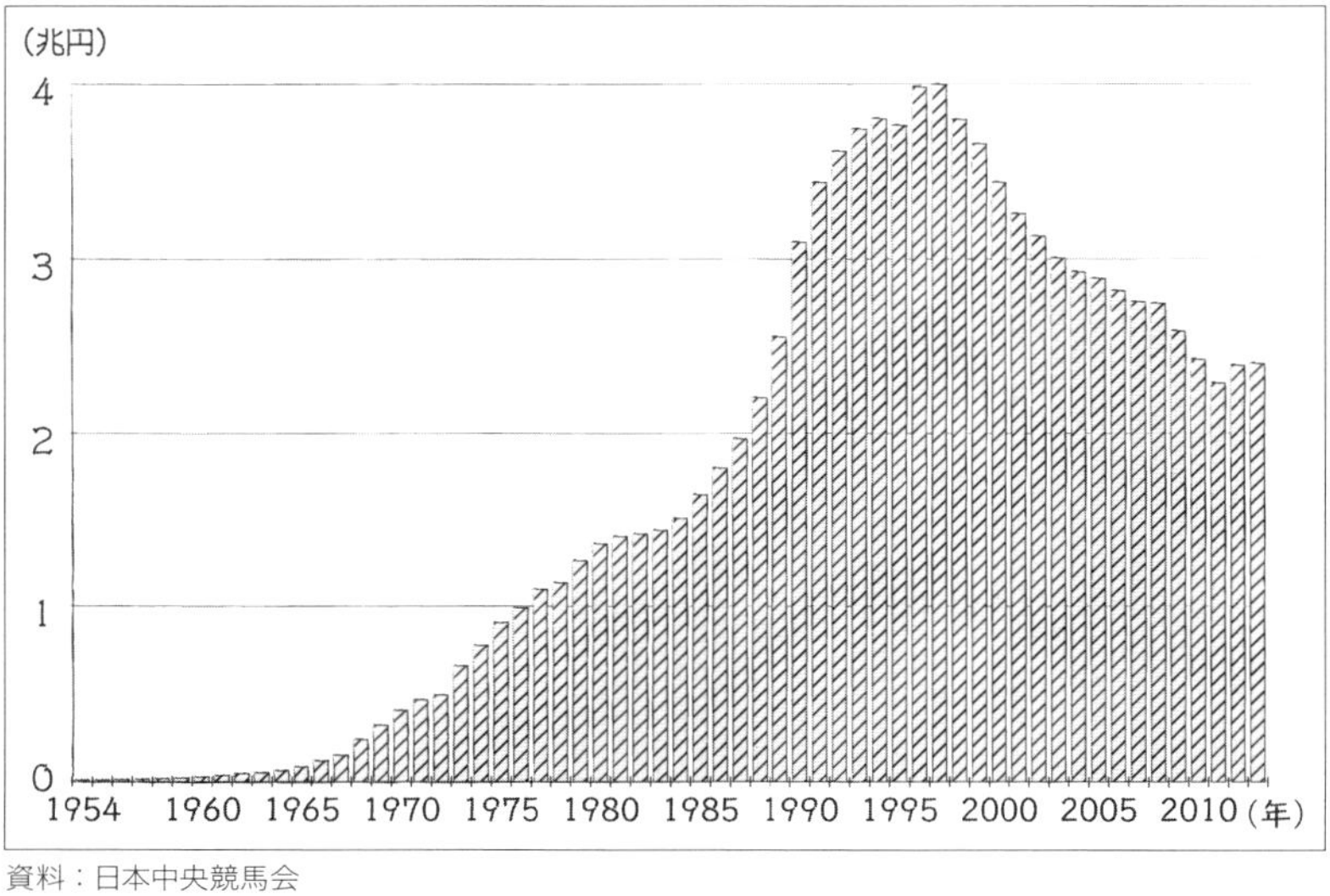

資料：日本中央競馬会

法令施行後の最初の工事として、スタンド改築工事を行った。総工費五億七〇〇〇万円の大工事だった。スタンドは四階建て、二階、三階にも馬券売り場ができ、大屋根から柱をなくして、観客の視野を広げた。今は当たり前だが、巨大な競馬場全体を見渡す視界が生まれた。スタンド完成後の最初のレースには、一七万人あまりのファンが訪れたという（中央競馬会『中山競馬場70年史』）。

こうして競馬は昭和の国民的娯楽になっていった。府中の東京競馬場の入場人員は昭和三九年度の九五万人から四八年度には四三六万人に増加、中山競馬場のそれは一一二万人から約三〇〇万人に増加した。東京競馬場は、平成二年（一九九〇）五月の東京優駿（日本ダービー）において、史上最高の入場者数一九万六五一七名を集め、中山競馬場は、同年一二月の有馬記念でやはり史上最高の入場者数一七万七七七九名を集め、平成九年には年間四兆円の売上を誇る巨大産業に成長したのである。

馬から人へ

中山競馬場が発展しただけでなく、かつての小金牧も一変した。大地の上には、巨大な団地やニュータウンがいくつもつくられた。その名も小金原団地という団地もできた。柏競馬場だった場所には豊四季台団地ができた。松戸飛行場には今も自衛隊松戸駐屯地があるが、柏飛行場は「柏の葉」という地名で、東京大学、財務省税関研修所・関税中央分析所、国土交通大学校、警察庁科学警察研究所、国立がん研究センター東病院、住宅の並ぶ学術研究型ニュータウンとなっている。

軍用だった鉄道は、戦後は新京成電鉄として住宅地に人を運ぶことになった。宮内庁の御料牧場は栃木県に移転し、かつての牧は成田空港となった。貨物線だった武蔵野線もすっかり通勤通学用になった。小金牧は馬ではなく、馬車馬のように働く高度経済成長期のサラリーマンのすみかとなり、サラリーマンたちは馬の代わりにマイカーを運転するようになった。そしてサラリーマンたちが、少ない所得を少しでも増やすために行うギャンブルとして競馬が発展したと言えようか。

最後に気になることがある。軍馬にも競走馬にもなれず、ひたすらゆっくり重荷を運ぶだけの駄馬はどこに行ったのか。種が絶やされたのだろうか。人間に置き換えて考えると、ちょっとかわいそうで、怖い。

終章

娯楽がなければ街ではない

東京寄席散歩

東京は寄席の都市だった

本書は主として戦後の娯楽の殿堂を扱ってきたが、最後に戦前のことを少し考えながら、本書全体の結論としたい。

江戸時代の娯楽と言えば、寄席、芝居、男なら遊郭だろう。娯楽と言うかどうかわからないが、博打《ばくち》というのもあったかもしれない。今ならさしずめ競馬やパチンコか。

内務省地方局・社会局『細民調査統計表』によると、明治四四年（一九一一）の下谷区、浅草区の三〇四七世帯の世帯主にたずねたところ、娯楽として芝居を挙げる者が一六八人、寄席を挙げる者が一九〇人だったという。細民、つまりかなり貧困な世帯でも、大体六％前後が芝居や寄席を見ていたということである（田中淳「東京の寄席にみる都市社会史」、奥須磨子・羽田博昭編著『都市と娯楽』所収）。

今、東京の寄席というと、定席《じょうせき》は上野鈴本演芸場、浅草演芸ホール、新宿末広亭と、池袋演芸場しかないが、当時はどれくらいあったのか。『江戸学事典』によれば、文化一二年（一八一五）に七五軒、文政一三年（一八三〇）頃には一二五軒、天保改革直前（一八四一年頃）に二一一軒の寄席があったという。

『江戸／東京芸能地図大鑑』という資料を見ると、明治から戦前までの旧東京市一五区の寄席の数は延べ一九二軒だから、幕末とあまり変わらない。延べと言うのは、同じ年に何軒あったかはわからないからだが、六代目三遊亭圓生の著書『寄席切絵図』の「付属資料二」によると東京演芸場組合員名簿では、大正一五年（一九二六）一一月現在で一八五軒の寄席または演芸場があったというから、新しく寄席ができたりつぶれたりもしたろうが、大体それくらいの数の寄席があったのであろう。

『江戸／東京芸能地図大鑑』によって、寄席の立地を見ると、区別では、中央区五〇軒、千代田区三二軒、台東区も三二軒、港区二五軒、江東区一五軒などとなっている。昔の区名で言うと、神田、日本橋、京橋、芝、浅草、下谷、本所の各区が寄席の多い地域であった。つまりは江戸の中心の下町（神田、日本橋、京橋）と、そこに隣接する地域である。

なお、『警視庁統計書』を分析したところでは、明治二九年（一八九六）の寄席の軒数は旧東京市一五区で一五五軒、入場人員は延べ五二八万人だった。これが一〇年後の明治三九年（一九〇六）には四〇三万人、さらにその一〇年後の大正五年（一九一六）には二六八万人に減っている。おそらくは、映画などの新しい娯楽を楽しむ人が増えたためであろう（田中淳「東京の寄席にみる都市社会史」）。

寄席と映画館の立地の違い

次に、旧東京市一五区の寄席の分布を地図にしてみた。町名がたびたび変わるので、所番地までは正確ではないが、同じ町内には収まっているはずである。下町に相当な密度で寄席が立地していたことがわかる。

昭和初期からは映画館が増え始める。映画館（昔は活動写真館と呼ばれた）の数は日本全国で昭和二年（一九二七）に一二〇〇館ほどだったが、一六年には二五〇〇館ほどに倍増した（青木宏一郎『軍国昭和　東京庶民の楽しみ』）。

旧東京市一五区における映画館の観客の数は大正一五・昭和元年（一九二六）には一四六九万人だった。これが昭和六年には一八四六万人に増えた。翌七年に、東京市が周辺郡部を合併してほぼ現在の東京二三区にあたる新東京市（昭和二二年までは三五区）ができると、人口の増大に合わせて観客数も増える。昭和七年からの統計には、映画館だけではなく、劇場での映画上映を見た観客数も加わるが、観客数は昭和六年よりほぼ倍増した（江東楽天地もそうだが、昔は劇場で演劇、歌謡ショー、映画上映を並行して行った）。

その後昭和一一（一九三六）頃まではあまり観客は増えなかったが、一三年に急増する。これは日中戦争が本格化し、最初戦況が良かった頃は、祝賀会が大々的に催され、軍需景気で仕事も収入も増えたためらしい。そのため、東京市の映画観客数は七一七一万人、さらに一五年には一億人近くにまで増えたのである。

また新東京市の映画、演劇、演芸の観客数は昭和七年には五〇〇〇万人弱であったが、一三年には八〇〇〇万人を超え、一五年には一億一〇〇〇万人を超えた（青木宏一郎『軍国昭和　東京庶民の楽しみ』）。

大正4年の旧東京市における寄席の分布

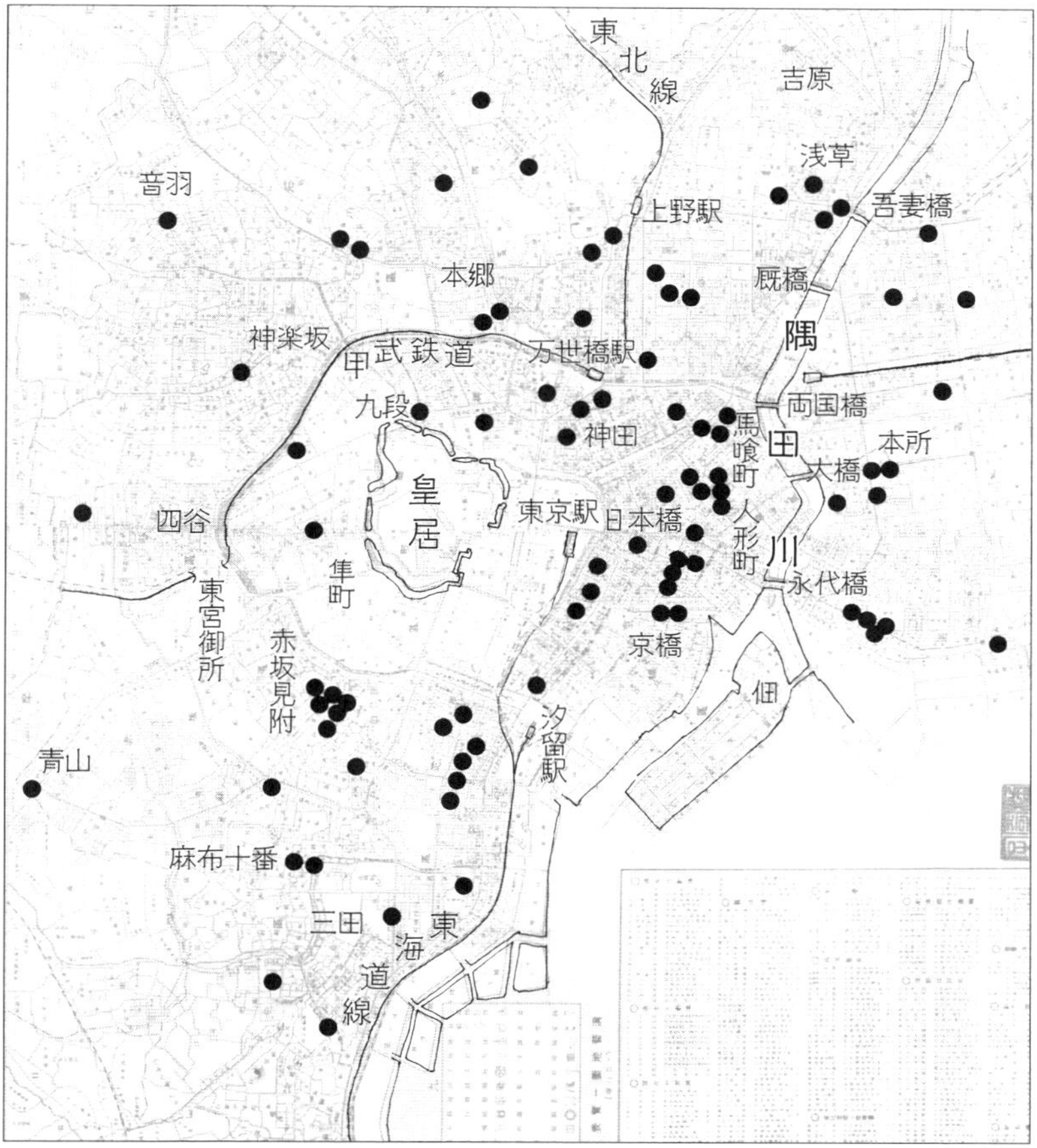

文藝協会編『藝人名簿　付：劇場観物場及寄席案内』（田中淳「東京の寄席にみる都市社会史」）より三浦展作成

昭和初期の映画館の分布図を見ると、寄席の分布とかなり似ているようである。寄席のあるような歓楽街などに映画館もまずは立地したのだろう。

しかし、戦後になると、映画館の立地は異なってくる。日本橋、神田というと、寄席は多いが、映画館はあまりない（今は映画館もほとんどない）。逆に、新宿区、渋谷区、豊島区といった副都心、その外側の中野区などは、寄席はわずかだったが映画館は多い。

これは当たり前のことで、明治から戦前までは、渋谷区、豊島区、あるいは中野、杉並、世田谷、荒川、江戸川、葛飾、足立などの各区は、東京市内ではなく郊外の農村であった。だから寄席がなかったのは当然なのだ。

だが、これらの地域では、関東大震災前後から急激に宅地化が進み、戦後も高度経済成長により人口が増えた。それに呼応して娯楽施設として映画館が増えたのである。

全国の映画館数のピークは昭和三三年（一九五八）である。その後、テレビに娯楽の王者の座を取って代わられるが、当時の映画館の数の多さは驚くばかりである。ちょっとした街だと大体三館か、四館あった。『江戸／東京芸能地図大鑑』の三四年の数字によれば、築地に七軒、人形町にも七軒、神田小川町から神保町、淡路町、鍛冶町にかけても八軒、旧・麻布区にも六

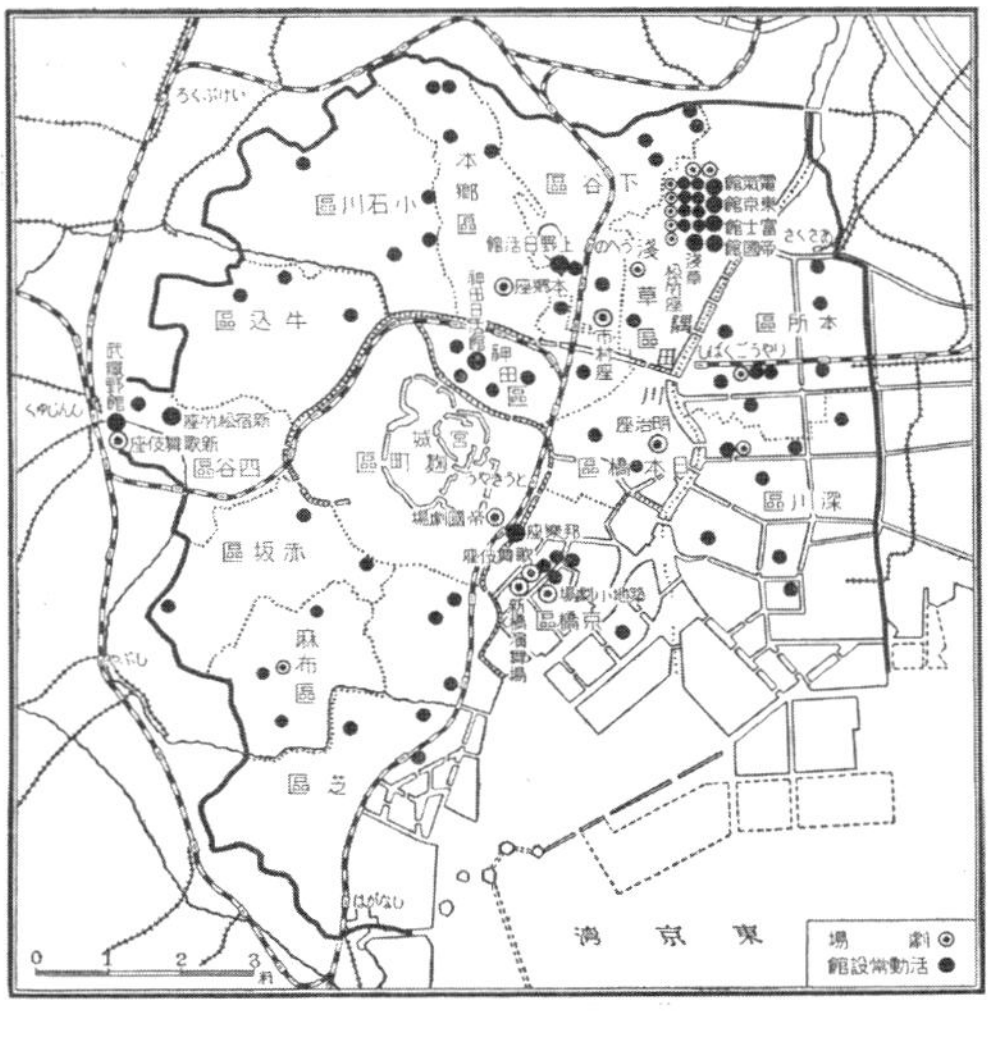

昭和初期の旧東京市における劇場と映画館の分布

山本三生編『日本地理大系 第三巻 大東京篇』より転載

軒、文京区に八軒と、いろいろなところに映画館があったのだ。新宿、渋谷、池袋という副都心の駅ともなれば、三〇軒か四〇軒くらい。もちろん浅草にも二六軒の映画館があったし（六区だけで一五軒）、上野には一三軒あった。

しかも映画館は旧東京市（一五区）地域だけでなく、新東京市三五区地域にも多く存在した。主要な駅について映画館の数を見ると、品川区小山に六軒（東急目蒲線武蔵小山駅、西小山駅）、同

大正時代の寄席と昭和30年代の映画館の数の比較

地域	(旧)	東京演芸場組合員数（大正10年）	映画館数（昭和34年）
中央区	日本橋区	7	28
	京橋区	6	
千代田区	神田区	8	26
	麹町区	1	
台東区	浅草区	6	41
	下谷区	3	
墨田区	本所区	10	28
	向島区	1	
江東区	深川区	11	15
	城東区	6	
港区	芝区	10	14
	麻布区	6	
	赤坂区	4	
文京区	本郷区	9	8
	小石川区	4	
新宿区	牛込区	6	52
	四谷区	5	
	淀橋区	5	
品川区	府下	14	32
目黒区	府下	1	16
大田区	府下	6	49
世田谷区	府下	2	20
渋谷区	府下	5	32
中野区	府下	3	15
杉並区	府下	1	21
豊島区	府下	9	37
北区	府下	3	22
荒川区	府下	15	20
板橋区	府下	1	13
練馬区	府下	1	8
足立区	府下	4	16
葛飾区	府下	2	30
江戸川区	府下	4	14
合計		179	557

三遊亭圓生『寄席切絵図』、エーピーピーカンパニー編『江戸／東京芸能地図大鑑』より三浦展作成

戦前の東京市の人口

	明治41年 (1908)	大正9年 (1920)	大正14年 (1925)	昭和5年 (1930)	昭和10年 (1935)	昭和15年 (1940)
麹町区	56,969	65,692	56,379	58,711	60,327	58,521
神田区	128,593	151,990	128,529	129,976	136,906	128,178
日本橋区	110,703	126,415	105,002	107,645	113,871	101,777
京橋区	124,400	143,397	120,363	131,888	147,334	142,269
芝区	136,256	179,214	171,590	175,760	190,776	191,445
麻布区	65,876	88,558	87,906	86,493	87,857	89,163
赤坂区	51,321	62,232	61,045	60,234	58,700	55,704
四谷区	41,535	70,217	74,974	75,021	76,321	76,440
牛込区	89,288	126,282	129,887	129,132	130,340	128,888
小石川区	94,407	146,507	152,620	151,493	147,135	154,655
本郷区	94,823	135,573	135,079	136,749	141,215	146,146
下谷区	125,320	183,186	172,678	173,977	190,524	189,191
浅草区	185,621	256,410	232,076	241,695	273,693	271,063
本所区	163,909	256,269	207,142	235,324	278,194	273,407
深川区	119,098	181,259	160,297	176,815	214,175	226,754
旧市域小計	1,588,119	2,173,201	1,995,567	2,070,913	2,247,368	2,233,601
品川区		112,555	160,191	179,496	204,262	231,303
目黒区		22,287	63,019	108,208	152,187	198,795
荏原区		8,522	72,256	132,108	161,863	188,100
大森区		49,908	94,452	147,335	201,425	278,985
蒲田区		28,614	57,553	98,122	147,516	252,799
世田谷区		39,952	87,965	149,323	210,701	281,804
渋谷区		137,207	190,774	213,533	234,850	256,706
淀川区		93,899	134,499	153,502	169,187	189,152
中野区		29,198	85,294	134,098	178,383	214,117
杉並区		18,099	65,981	134,529	190,217	245,435
豊島区		109,803	198,075	236,701	268,015	312,209
滝野川区		40,689	82,252	100,746	114,514	130,705
荒川区		121,412	218,428	280,616	326,210	351,281
王子区		54,040	84,611	126,673	171,047	220,304
板橋区		53,482	81,476	113,586	150,868	233,115
足立区		60,780	89,226	127,507	174,612	231,246
向島区		64,426	120,462	155,519	186,698	206,402
城東区		73,065	113,087	142,971	171,047	192,400
葛飾区		27,661	49,415	84,456	105,682	153,041
江戸川区		39,386	64,530	96,971	129,230	177,304
新市域小計		1,184,985	2,113,546	2,916,000	3,648,514	4,545,203
合計		3,358,186	4,109,113	4,986,913	5,895,882	6,778,804

資料：東京都

区大井町にも六軒、目黒区自由が丘にも六軒、世田谷区三軒茶屋に五軒、北区王子に六軒、荒川区三河島から南千住にかけて六軒、同区町屋に五軒、足立区北千住に七軒、葛飾区亀有に五軒、新小岩に四軒、立石に四軒、堀切菖蒲園に五軒、江戸川区小岩に八軒、中央線の東中野、中野、高円寺、阿佐ケ谷、荻窪、西荻窪の各駅にはそれぞれ二軒から五軒。工場労働者の多かった蒲田には二〇軒。大森駅周辺にも一二軒。本当にたくさんの街にたくさんの映画館があったのである。

区別に寄席の数と映画館の数を比較すると、現・中央区の大正一〇年（一九二一）の寄席の数は一三軒、千代田区が九軒、台東区が九軒、墨田区が一一軒（本所区だけで一〇軒）、江東区が一七軒（深川区だけで一一軒）、港区が二〇軒（芝区だけで一〇軒）、文京区が一三軒、新宿区が一六軒となっている。概して下町地域に多いことがよくわかる。

府下では、人口増加が早かった品川区と荒川区ではそれぞれ一四軒、一五軒と多い。しかし、その他の府下の地区ではどこも数軒しかない。

ところが、昭和三四年（一九五九）の映画館の数は、新宿区五二館、大田区四九館、台東区四一館、豊島区三七館、渋谷区三二館、品川区三二館、葛飾区三〇館などとなっており、

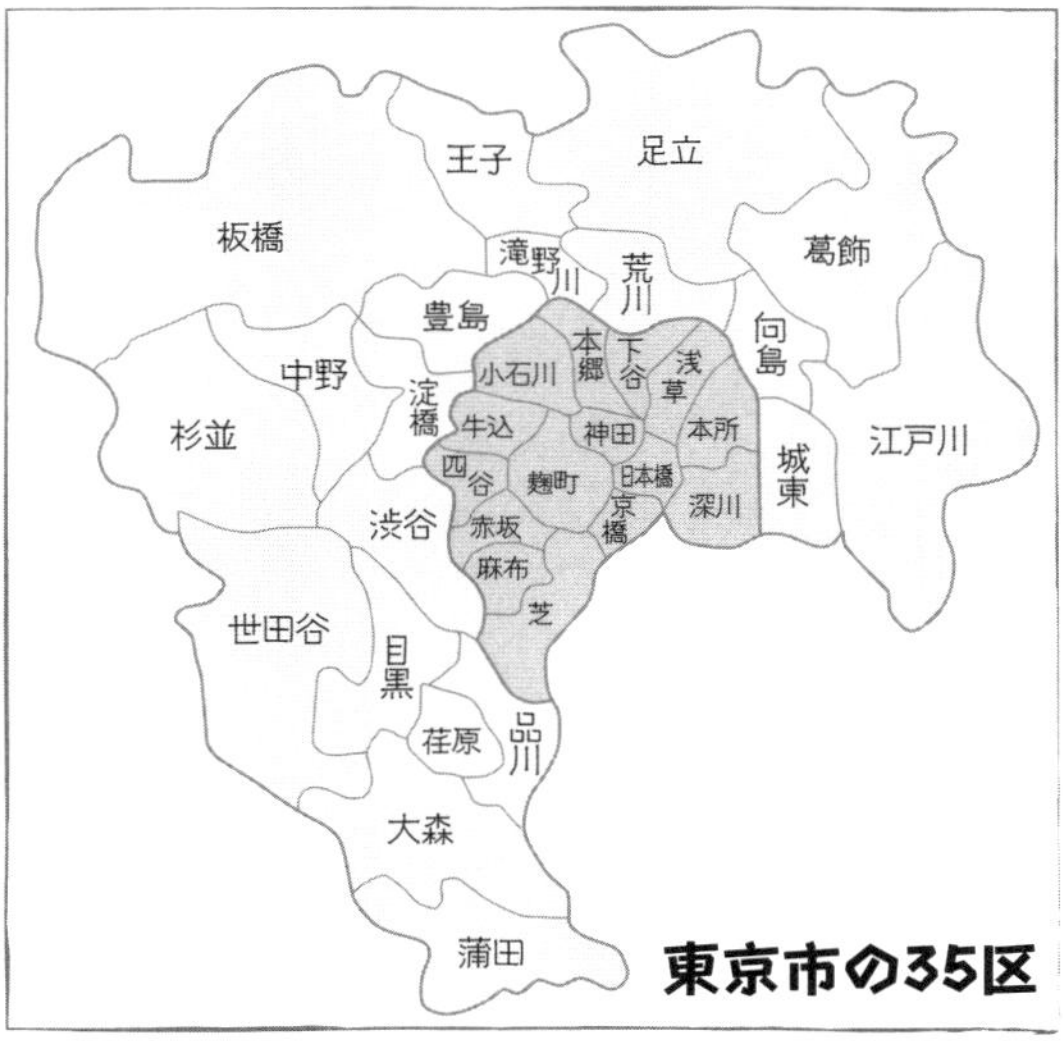

東京市の35区

昭和35年(1960)の映画館の分布

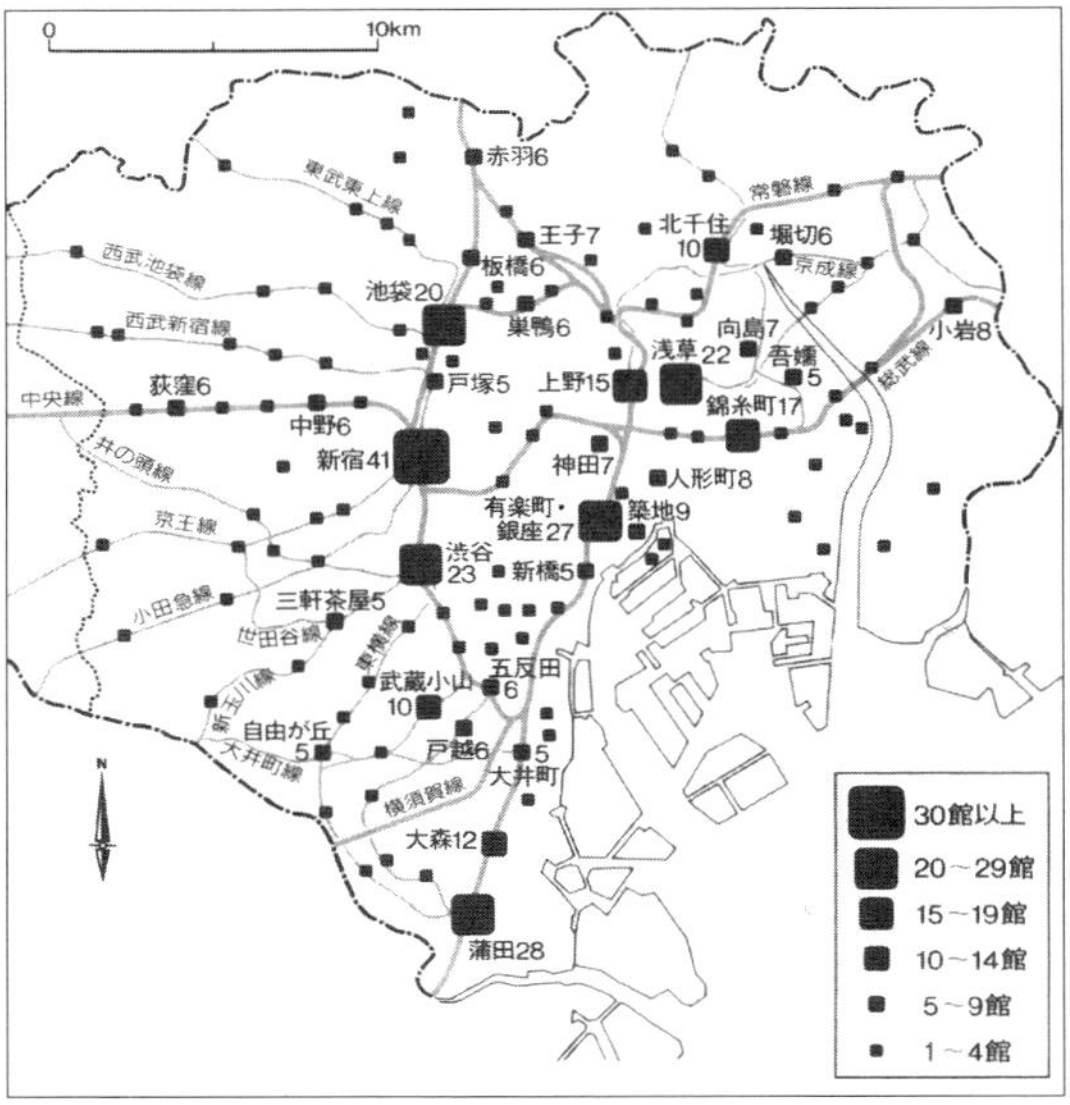

『1960 年版映画年鑑別冊映画便覧』より三浦展作成

平成8年(1996)の映画館の分布

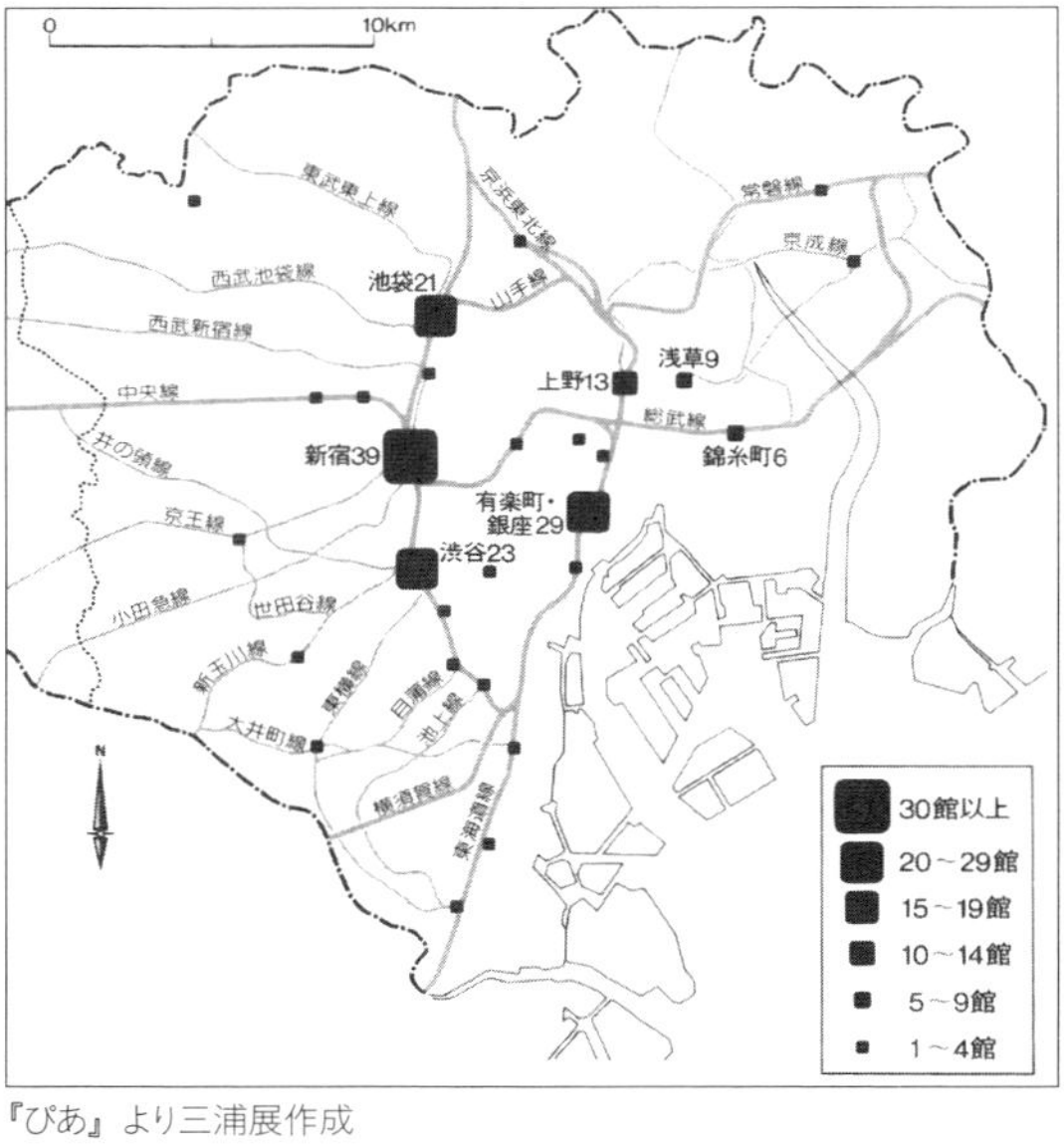

『ぴあ』より三浦展作成

ターミナル駅を含む地区以外では大田、葛飾が多い。北区、荒川区も二〇館ある。これらの地域に工場が増え、労働者人口が増えたため、彼らの娯楽として映画館が増えたからであろう。対して港区と文京区では、寄席の数よりも映画館の数が少なくなっている。これら二区が江戸の町から山の手の住宅地あるいはオフィス街へと変わったということではないかと思われる。

このように、時代の変化と東京の人口変動、人口移動とともに、娯楽の内容と立地が変化したのである。東京の人口は、江戸時代、日本橋、京橋、神田という下町に集中していた。しかし明治以降、下町が浅草、芝に広がり、日本橋、神田は人口が減る。そして大正一二年（一九二三）の関東大震災前後、特に震災以降に人口が郊外に移動する。浅草、芝の人口も増加が弱まる。本所、深川はまだ人口が増え、加えて荒川区、王子区（現・北区）、滝野川区（現・北区）も人口が増え始める。

これと並行して、娯楽の内容と立地が変化する。江戸から明治の下町である、日本橋、京橋、神田、浅草、芝の娯楽は寄席だった。だが、日本橋、京橋、神田、芝には映画館は少ない。震災後に発展した地域では、寄席は少ない、あるいはない。が、映画館は多いのである。浅草だけは、寄席時代も映画時代も繁栄した街であると言えるだろう。

見る娯楽から体験する娯楽へ

昭和三三（一九五八）をピークに、映画館の数は減っていく。映画よりもテレビが手軽な娯楽になったからである。また、映画はもちろん、落語も歌謡曲も浪曲も民謡も手品もテレビで見られるようになった。

こうして映画館が減少し、それと入れ替わるように、娯楽は、より体験型に変わっていく。

それが船橋ヘルスセンターのような大規模レジャーランドの登場、池袋ロサ会館のような都心型レジャービルの増加の時代背景であろう。

レジャーランドやレジャービルでは、映画館と並んで、ボウリング、ビリヤードのようなスポーツ型の娯楽が大きなウエイトを占めるようになっていく。これは、実際に会場に足を運ばなくてもテレビでも見られる娯楽ではなく、自分自身が体験することに意味のある娯楽に変わったということであろう。さらに一九七〇年代末には、テレビゲームが登場する。ゲームセンターは、レジャービルに必須の施設になっていく。

ゲームセンターが繁栄した時代は長い。しかし最近はゲームセンターも経営が苦しいという。携帯型ゲーム機でも、スマホでも、ゲームができるようになったからである。よく言われるように、娯楽が個人化し、密室化してきた。街に出て娯楽を楽しむということが、だんだん減っていったのである。

また、落語がテレビで見られるようになる一方で、テレビのその他の娯楽番組やレジャーランド、レジャービルに庶民の関心が移っていくと、落語は日常的な娯楽から守るべき伝統文化と見なされるようになった。そのため、落語を聞いたり、寄席に行ったりすることは、庶民の娯楽というよりもインテリの教養のようなものになっていった面があると思われる。

下町の寄席の跡地を訪ねてみる

そう思うと、なんだか実際に寄席のあった場所を訪ね歩いてみたくなった。とはいえ、百数十軒あった寄席の跡地を訪ねる時間はないので、いくつか代表的な地域を選び、前述の圓生の『寄席切絵図』を携えて、まずは日本橋に行ってみることにした。

■日本橋　漱石ゆかりの寄席

この本は昭和五二年（一九七七）刊であり、圓生が自分の子ども時代から落語家になりたての若い頃、つまり明治末から大正時代（一九〇五〜二〇年頃）を回想し、寄席の場所を地図にした貴重な資料である。だから、本を作っている時点で圓生が「いまもうすっかり変わっちまいましたが」と話している場所も、今はさらにすっかり変わっちまっている。だいたい道も広がったり新設されたり、路地がまとめて消え去って大きなビルに変わったりしているので、さて、この寄席はどこだろうと考えながらの暇つぶしの街歩きには最適である。

日本橋界隈にあった寄席は、伊勢本《いせもと》や木原亭《きわらてい》など。伊勢本は、昔は鰹節《かつおぶし》の老舗にんべんの前に寄席があった。当時の小噺《こばなし》に「かつおぶしってェ字は、どう書いたっけなあ」「ああ、そりゃあ、にんべんだろう」というのがあったらしいが、

お江戸日本橋亭。落語のほか、講談、新内、義太夫、小唄・長唄などの伝統芸能を体感できる（著者撮影）

それはともかく、今で言うと、三井不動産が開発した商業ビル、コレド室町の南側にあったようだ。今は路地らしいものはない。ちなみにコレド（COREDO）は江戸（EDO）のコア（CORE）、核、中心の意味。

伊勢本の代わりというわけではないが、お江戸日本橋亭がある。ウェブサイトによれば「江戸の風情を色濃く残す日本の中心地日本橋。お江戸日本橋亭では、公益社団法人落語芸術協会の『定席』（毎月二一日～二七日までの平日夜開催）をはじめ、講談・浪曲、新内・小唄・長唄・義太夫などの伝統芸能を体感できます。また、朗読の会・お稽古等にも適した落ち着いた雰囲気の演芸場です」。

ここは永谷という不動産会社が経営している。永谷はオフィスビルやマンションを建設管理している会社だが、落語、演芸の場所として、お江戸上野広小路亭、お江戸両国亭、新宿永谷ホールを経営するほか、吉祥寺、西荻窪などでもバレエやダンスの貸しスタジオを経営しており、芸能文化に熱心な会社である。

木原亭は、コレド室町と同じシリーズのコレド日本橋の北側の路地にあった。路地は「食《しょく》傷新道《しょうじんみち》」と呼ばれていた。食傷気味になる道ということだろう。圓生によれば「いろいろな食べもの屋が、ずらっと並んで商売をして」いたそうだ。

今も路地風になっているが、途中から小公園のように整備されている。それでも多少は飲食店があり、これが食傷新道の名残かとも思った。コレドの中にも飲食店が多数あるが、江戸、明治、大正の昔を偲《しの》ばせるような店はない。

木原亭は夏目漱石の小説『三四郎』『こころ』にも登場する。『こころ』ではこう書かれている。

三人は日本橋《にほんばし》へ行って買いたいものを買いました。買う間にも色々気が変るので、思ったより暇《ひま》がかかりました。奥さんはわざわざ私の名を呼んでどうだろうと相談をするのです。時々反物《たんもの》をお嬢さんの肩から胸へ竪《たて》に宛《あ》てておいて、私に二、三歩遠退《とおの》いて見てくれろというのです。私はそのたびごとに、それは駄目《だめ》だとか、それはよく似合うとか、とにかく一人前の口を聞きました。

こんな事で時間が掛《かか》って帰りは夕飯《ゆうめし》の時刻になりました。奥さんは私に対するお礼に何かご馳走《ちそう》するといって、木原店《きはらだな》という寄席《よせ》のある狭い横丁《よこちょう》へ私を連れ込みました。横丁も狭いが、飯を食わせる家《うち》も狭いものでした。この辺《へん》の地理を一向《いっこう》心得ない私は、奥さんの知識に驚いたくらいです。

（集英社文庫）

『硝子戸の中』には伊勢本が登場する。

上：食傷新道跡の公園にある漱石の碑
下：現在の食傷新道（著者撮影）

私は小供の時分よく日本橋の瀬戸物町《せとものちょう》にある伊勢本という寄席へ講釈を聴きに行った。今の三越の向側《むこうがわ》にいつでも昼席の看板がかかっていて、その角《かど》を曲ると、寄席はつい小半町行くか行かない右手にあったのである。

この席は夜になると、色物《いろもの》だけしかかけないので、私は昼よりほかに足を踏み込んだ事がなかったけれども、席数からいうと一番多く通《かよ》った所のように思われる。当時私のいた家は無論高田の馬場の下ではなかった。しかしいくら地理の便が好かったからと云って、どうしてあんなに講釈を聴きに行く時間が私にあったものか、今考えるとむしろ不思議なくらいである。

（『夏目漱石全集10』ちくま文庫）

漱石と正岡子規の出会いも寄席がきっかけだったらしい。「忘れていたが、彼と僕と交際し始めたも一つの原因は、二人で寄席《よせ》の話をした時、先生も大に寄席通を以《もっ》て任じて居る。ところが僕も寄席の事を知っていたので、話すに足るとでも思ったのであろう。それから大《おおい》に近よって来た」と書いている（夏目漱石「正岡子規」）。

食傷新道跡の路地の公園の東には、漱石の碑がある。

■京橋　銭湯を買い切った圓朝

日本橋から南に進み、京橋を過ぎて銀座一丁目に入り、すぐ東に曲がったところに金沢亭という寄席があった。圓生によれば、ここには伝説の噺家・三遊亭圓朝の逸話が残っている。金沢亭の隣には銭湯があった。この銭湯が夜になると客が大声で歌ったりする。その声が風呂に反響して外にも聞こえる。寄席では圓朝がしっとりと人情噺をしているというのに、うるさいというので、金沢亭は夜八時すぎか九時頃以降銭湯を買い切ってしまう。客をいなくして静かにして、圓朝が噺をしたというのだ。夜一二時頃までは銭湯も商売をするだろうに、それを買い切っても寄席が儲かったというのだから、いかに圓朝の人気がすごかったかと圓生は述懐している。

ところで、金沢亭のあったとおぼしき場所の近くには、今も銀座湯という銭湯がある。これは当時の名残か。

■人形町　末広亭のうるさい婆さん

次は人形町。ここには末広亭、鈴本亭、大ろじ、浪花節の喜扇亭があった。

末広亭は人形町の交差点近くにあった。今は広告代理店の入居するビルになっているが、末広亭跡を示す石碑が歩道に面して埋められている。小沢昭一は「人形町末広が唯一、江戸から明治へかけて盛んだった寄席という空間を、木造建築物として残していたのです。あれをとりこわすとき、関係各方面へ移築するよう働きかけましたが、ムダな努力に終わりました」と惜しんでいる（小沢昭一「日本遊郭建築残骸大全」『芸術新潮』一九八七年六月号）。

ところがこの末広亭には、寄席の「三婆《さんばばあ》」と言われた、うるさ型の女性の一人がいた。あとの二人は、本所の広瀬と後述する神田の白梅《はくばい》亭。
「末広のおばあさんも、まァ真打には、相当の敬意を払っておりましたが、二つ目なんぞで気に入らない芸人が高座へあがるてえと、すぐに楽屋ィ来ましてね」「帯のところへ」「両手の、指先だけをちょいとこう突っこんで、それで立ってものをいうんで、『こんな者をあげちゃアしょうがないじゃないか。ちッ……おろしておしまいッ』なんてんで、小言をいう」

　なかなか今は見ない光景だが、そういえば、昔、私は新宿でこういうお婆を見たことがある。寄席ではない。輸入CD店である。そこは日本でもロックのLPの輸入を最初に始めた店のひとつ。私は十数年前その店に入った。すると店主の女性（当時で六〇歳くらいか?）と常連が話している。往年の人気バンド、ディープパープルが、ボーカリストに再全盛期のイアン・ギランを据えて来日したのを見てきたと客が話す。「でもね、ギラン、もう声が出ないんですよ」。すると店主。「馬鹿だね、どうして声が出ないのに歌うんだい」。話題が変わり別のバンドについて。「ああ、このバンドは最近ドラムが変わってから締まってきたね」という具合で、おそらく昔の寄席の三婆もこんな雰囲気だったんだろう。

　末広亭の北側一帯は、江戸時代初期には吉原があった。この吉原は明暦の大火（一六五七）の後に移転させられたもので、本当は新吉原という。人形町のほうは元吉原。昔は吉原にちなんで芳町と言った。

人形町㐂寿司の隣の角地にある
多和田歯科医院の建物（著者撮影）

かつて、人形町にあった落語定席「末広亭」（読売新聞社提供）

遊郭が移転してからは、遊郭のあった場所の西側に、中村座、市村座などの歌舞伎の芝居小屋が増えた。薩摩浄瑠璃の薩摩座や人形芝居の結城座もあり、人形遣いが多く住んでいたというのが人形町という名の由来らしい。そういえば、有名な辻村寿三郎のアトリエがあり人形教室を開いている。

しかし天保一二年（一八四二）、中村座が焼失すると、その他の芝居小屋も浅草・猿若町に移転した。それから鈴本亭は、甘酒横丁の入口の向かい側にあった。

遊郭だ、歌舞伎だとはいえ、何百年も前のことだから、名残はまったくない。今は、吉原があった場所の東側の、牛肉の今半とか甘酒横丁あたりのほうが古い料亭や寿司屋が残っており、江戸情緒を味わったような気持ちになれる。歯医者なのに遊郭のような建物もあるが、この建物は是非ともずっと保存してほしい。

遊郭に入る大門《おおもん》は、現在の人形町から堀留町に変わるところにあったようで、その通りを大門通りと言う言い方は今も地元に残っている。北は靖国通りの神田岩本町から南下して人形町まで通ずる通りである。千代田区には「神田大門通り子供連合会」というのもあり、夏には納涼盆踊り大会が開催される。千代田区のホームページに出ているほどである。子どもが大門の意味を知っているのか、私は知らない。

人形町は、当時は問屋が多く、魚河岸も近く、米屋町は米の先物取引をしていたので、「米《こめ》相場《そうば》といったって、ばくちみたいなもんですから」「儲《もう》かったときには、やっぱりばくちとおんなしで、きょうは儲けたからってんで、ぱッぱッと金を使う。景気のいい時は、寄席へ来ましても、芸人をひいきにして、祝儀をくれたり」して、『おい、飲みに行こう』なんてんで、お供に連れて行く」。京橋も近くの青物市場では「大勢の若い者を使っております。これが、市《いち》がすんでしまえば、あとはもう用はないし、退屈だし、すぐそばに寄席がある……、『じゃア聞きに行こうか』ということで、若い者ばかりでなく、問屋の旦那がたも、寄席へ来た」と圓生は述懐している（『寄席切絵図』）。つまりは今で言うと、ちょっと飲みに行こうかというくらいの感覚で寄席に行っていたようなのだ。現代のように何カ月も前からインターネットでイベントを予約する時代とは違う。もっと日常的な娯楽の世界なのである。そしてまた、儲かるとパーッと使っちゃうという雰囲気は船橋ヘルスセンターのクレイジーな雰囲気とも通じているように思える。計画的な娯楽なんてつまらない。もっと思いつきで行動する。それが江戸から昭和にかけての娯楽のスタイルだったと言えるかもしれない。

■両国

人形町から北東に進むと馬喰町である。先ほどの大門通りで岩本町に出て東に曲がるという行き方もある。

馬喰町の東が横山町で今は問屋街。その東が薬研堀《やげんぼり》で不動院がある。この不動院の階段を上って振り向くと、ビルとビルの間の二〇～三〇センチほどの隙間からスカイツリーが見える。これは隠れたスカイツリー見物の名所。その隙間の向こうの、両国橋のたもとは両国米沢町と呼ばれていた。ここに立花家、福本という寄席があった。両国というと今は隅田川の向こうの

立花家のあったあたり（著者撮影）

両国駅、国技館や江戸東京博物館のあるあたりを指すが、本来は隅田川の西岸が両国と呼ばれた。一七世紀までは隅田川が武蔵国と下総国の国境であったため、両国橋と言われたが、本来、両国とは、隅田川西側の武蔵国側の名称だったのである。そこは俗に両国広小路と言われ、見世物小屋、水茶屋、料理屋、芸者も呼べる料亭がひしめいていたという。

　これまで述べてきた、木原亭、伊勢本、末広亭、鈴本亭、そして両国の立花家は寄席としては一流、特に立花家は大震災でなくなったが、「一流ちゅうの一流の席であり、また客の入り

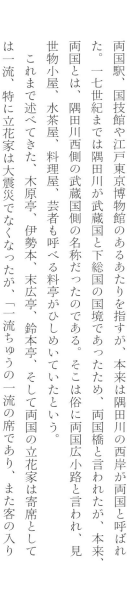

もいい……それも、東京じゅうの選《すぐ》ったお客さまが集まった」「まことにいい席でございました」と圓生は述懐している。圓生の真打ち披露も立花家で行われた。「当時、両国の立花家で看板をあげられるということは、まことに名誉なこと」だった。

このあたり、今は中央区東日本橋二丁目となっており、立花家のあったところはマンションになっているのではないかと思われる。それでも古い看板を掲げた酒屋とかそば屋があり、少し川のほうには高級合鴨料理の鳥安があり、明治大正の時代を偲ばせている。鳥安は、秋田の久保田藩佐竹家の江戸留守居役・初代渡邊大助が明治五年（一八七二）、五代目尾上菊五郎に助言を受けて古今独歩「あひ鴨一品」の看板を掲げて創業した店で、食通で知られる谷崎潤一郎もその味を愛でたという。

■神田

神田の万世橋《まんせいばし》周辺は、明治時代は東京で最も人が多く賑わっていたという。

万世橋の南側に位置する現・神田多町《たちょう》には青物商が集まり、神田川北岸には、米、薪炭、竹などの問屋があった。明治以降は主に洋服生地を扱う問屋街が周辺に形成された。万世橋駅前の連雀町《れんじゃくちょう》（現・神田須田町、神田淡路町の一部）には、飲食店、寄席、映画館が次々と開業した。

明治四五（一九一二）には甲武鉄道（現・中央線）が新宿から延伸して万世橋駅ができた。路面電車が四方から万世橋駅周辺に集まり、そこから中央線に乗り換える客が多かった。万世橋駅は今で言う新宿駅のようなターミナルとして栄えていたのだ。しかし、やがて東京駅が完成、大正八年（一九一九）に万世橋―東京間の開通に伴い、万世橋駅は中央本線の起点駅としての役目を終えた。

伊勢丹も明治一九年（一八八六）、小菅丹治が万世橋北西の神田区旅籠町二丁目4番地（現・千代田区外神田一丁目五番）に、伊勢屋丹治呉服店を創業したのが始まりである。

そういえば、かんだやぶそばに神田まつや、鳥すきやきのぼたん、あんこう鍋のいせ源、甘味処の竹むらなどは、みな万世橋あたりにある。肉の万世、万惣フルーツパーラー（二〇一二年休業）もそうである。

最近は万世橋も煉瓦造りのガード下を活用し、しゃれた店の入居するマーチエキュート（mAAch ecute）という商業施設になった。万世橋の（ma）、ガード下のアーチ（arch）、街を合わせた名前だろうか。

この万世橋周辺で有名な寄席は、三婆の一人がいた白梅亭。圓生の推測では、ここはもともとお屋敷じゃあなかったかというほどの「ごく無粋《ぶすい》な、堅《かた》アい普請《ふしん》」の建物で、寄席は二階にあったという。

■荒川区　場末の寄席

ちょっと趣向を変えて、大正以降の下町と言える荒川区に行ってみた。江戸時代には人が住んでいなかったようなところに、大正以降とはいえ寄席があったのかと思う人も多いだろうが、結構な数があったのだ。

「場末」にしか見えない場所、「傘をさしたら人がすれ違えないほど狭く薄暗い路地の奥まったところ」にもしばしば寄席はあった。「小暗き小路を過ぎ、不秩序なる下足棚と傘棚の間を縫うて木戸口に入り、垢まみれたる下足札を受取り、先ず垢或は脂にてジトジトしたる暖簾に顔を撫でらるるさへ気味悪きに、一歩室内に入るに及びては一種云ふべからざる臭気に襲はれ、綿の薄き破れ座布団に載せられ不恰好なる煙草盆を突付けられ、茶を飲まんとすれば縁の欠けたる茶碗を授けられ」「膝の置き場なき迄に押詰められ、前よりは髪の油の臭気、後よりは生暖き人の呼吸に攻付けられ、濛々《もうもう》と立昇る煙草の煙に巻かれ、偶々《たまたま》清鮮の空気を入れんと障子を開けば、近き便所の臭気、或は庇間近き隣家との間なる黴臭《かびくさ》き日蔭の湿気に胸を打たれ、折角の楽しみもフイとなりて、漸《ようよ》う戸外に逃出しホッと息吐くばかり」と、ある新聞が書くほどであった（『落語百景』）。

漱石も「この豆腐屋の隣に寄席《よせ》が一軒あったのを、私は夢幻《ゆめうつつ》のようにまだ覚えている。こんな場末に人寄場《ひとよせば》のあろうはずがないというのが、私の記憶に霞《かすみ》をかけるせいだろう、私はそれを思い出すたびに、奇異な感じに打たれながら、不思議そうな眼を見張って、遠い私の過去をふり返るのが常である」と書いている（「硝子戸の中」）。昔行った場末の寄席のことを思い出しているが、そんな所に寄席なんかあっただろうかと不思議に思っているのである。それくらい寄席は東京中の各所にあった。

漱石が行った場末は荒川区ではないが、前述したように、荒川区と品川区は寄席が多かったし、戦後は映画館も多かった。中野、杉並、世田谷、目黒、大森、蒲田、葛飾などよりも都心

あらかわ近代娯楽地図

明治から終戦頃までに、荒川区域で確認された寄席・演芸場は 17 軒を数える。この数字は、映画館の 22 館に比して決して少ない数ではない。

寄席が設けられる場所は、道路沿や繁華街である。現代の地図上では道路からやや入った場所にあるように見える施設は、実は旧道沿いにあったり、当時栄えていた商店街の中に位置していたりした。集客の相乗効果をねらったものか、南千住の第一会館と大橋館、三河島の三山倶楽部と三山館、日暮里の美登里亭と第一金美館など、２つの娯楽施設が隣接して存在する場合もある。

全域的に分布しているように見えるものの密度には濃淡がある。南千住や日暮里は各５ヶ所認められる。荒川区域で最後まで農村風景を残しながらも集客性がある尾久三業地・荒川遊園を抱えていた尾久では、映画館５館に対して３ヶ所が確認でき、この内、旧上尾久の演芸場・平和館は映画館と同所に認められる。このことは演芸場として誕生した平和館の場所で映画館が経営されていたことを物語る。しかし、経営者が同一かどうかは未詳である。

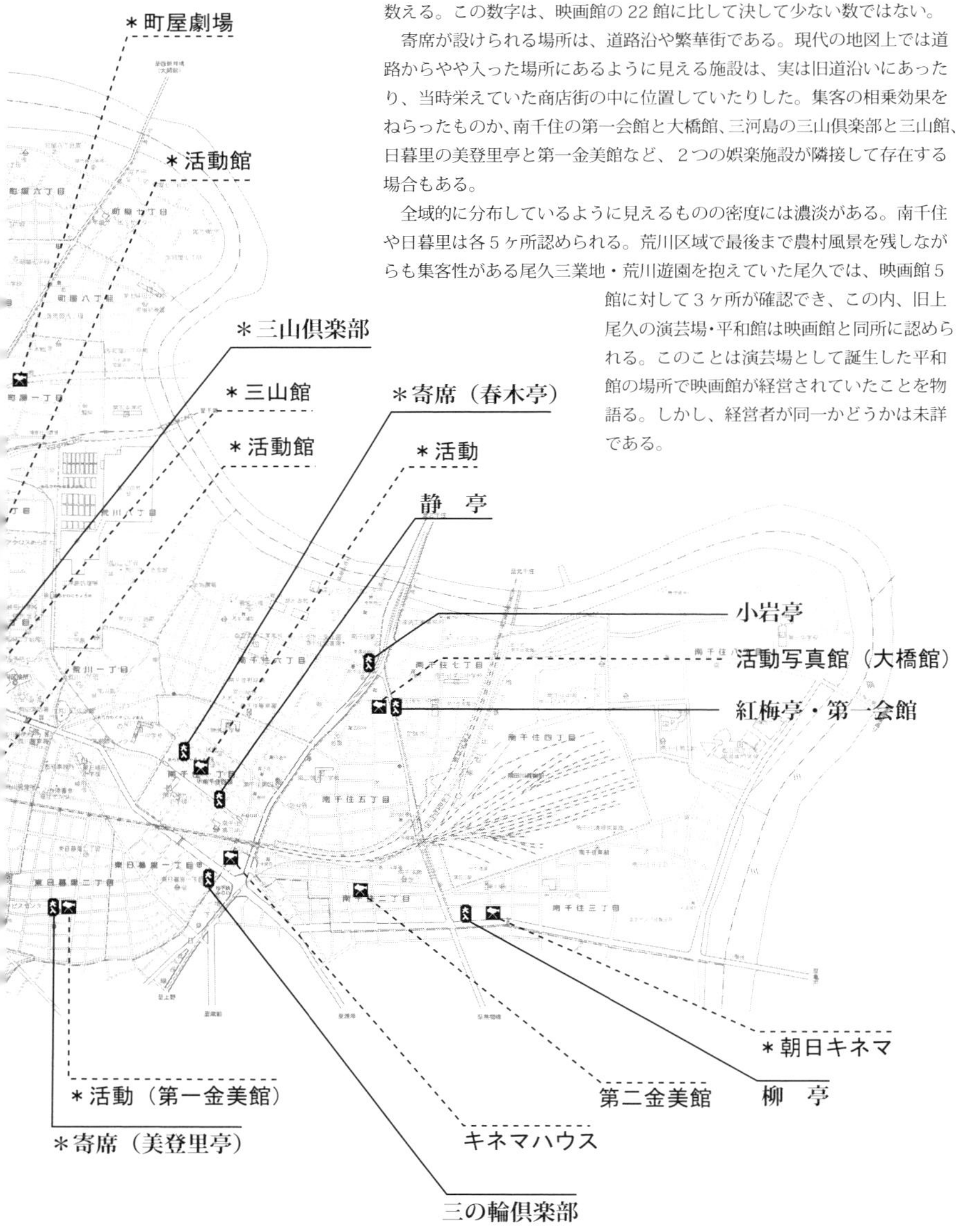

荒川区教育委員会・荒川区ふるさと文化館『あらかわと寄席』より転載

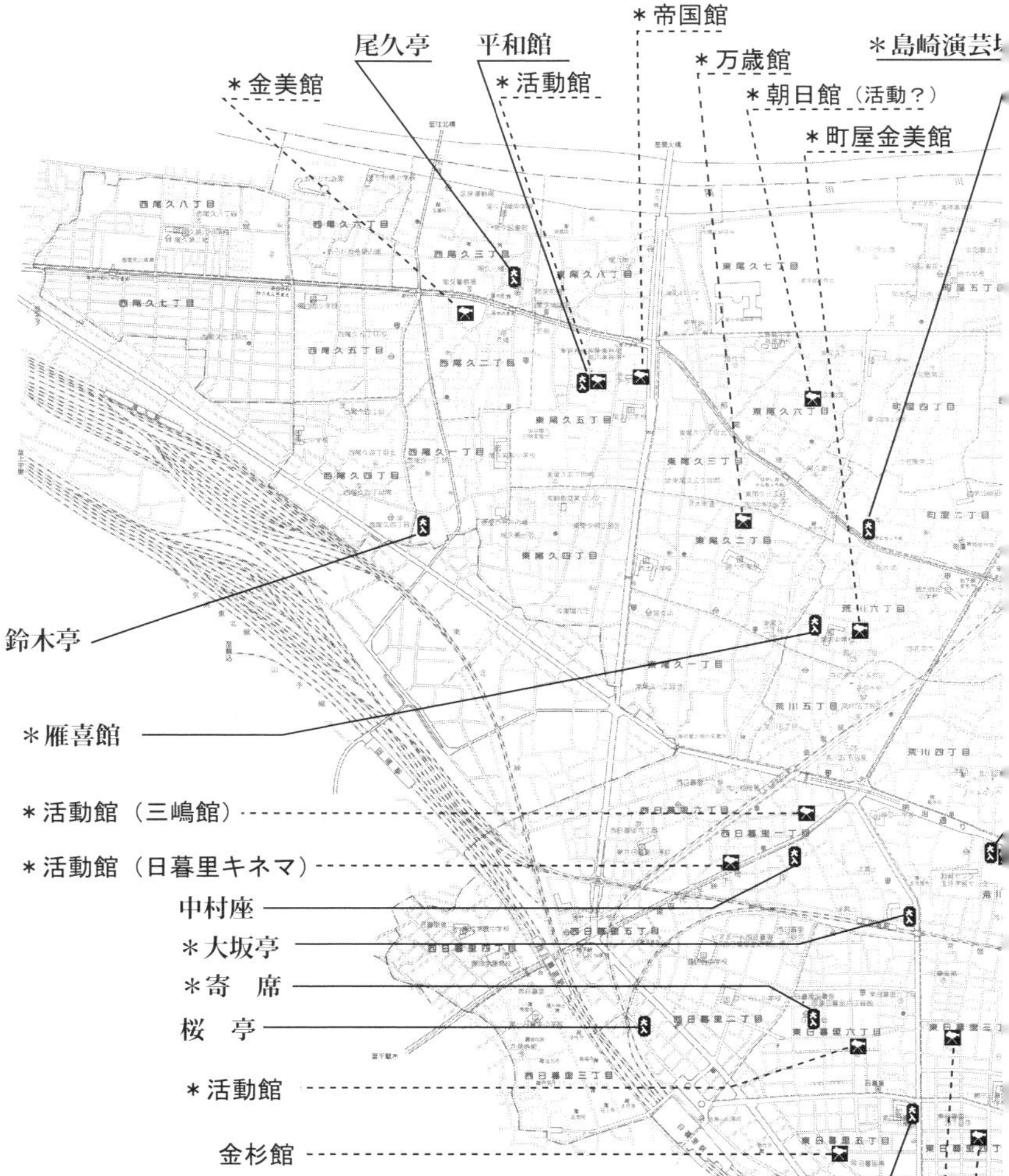

例　言

・本図は、大正 11(1922) ～昭和 22(47) 年に作成された 3000 分 1 『帝都地形図 1922(大正 11)-47(昭和 22) 年』〔(株) 之潮、2005 年〕、「大日本職業別明細図」（東京交通社、1869 年）で確認した寄席・演芸場、「付．あらかわと寄席データ篇」（44 頁）の内、所在地が明確な同様の施設を現代の荒川区の地図に落としたものである。また、映画館については下記の HP も参照した。
http://www.asahi-net.or.jp/~IA6T-TKHS/zenkokueigakan-top.htm
・『帝都地形図 1922(大正 11) - 47(昭和 22) 年』掲載の寄席・演芸場・映画館には＊を付した。

活動（映画館）　寄席・演芸場

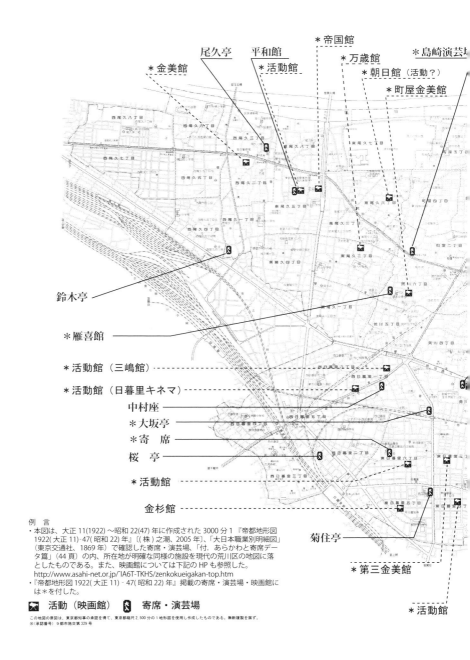

部に近いため、やや早めに人口が増えたためであろう。荒川区は寄席の多い浅草、下谷の隣だし、品川区はやはり寄席の多い芝区の南隣である。先代の林家三平が住んでいたのは台東区根岸（戦前は下谷区）だが、そのすぐ北は荒川区東日暮里である。人口の増加と並行して寄席が増えてもおかしくない。だが、やはり場末だったからか、圓生の『寄席切絵図』には荒川区は登場しない。

前ページの資料によれば、明治から終戦頃までに、荒川区内には寄席、演芸場が一七軒あった。現在の地図では道路からやや入ったところにあったが、当時は商店街だったり、旧街道だったりした場所だ。「震災復興の大きな計画道路が昭和初期に実現すると、それ以前から成立していた商店街を貫く道路は、〝路地〟の地位に落ち着く。寄席が路地にあると印象づけられるのは、そのためである」という（『あらかわと寄席』）。なるほど、これはポンと膝を打ちたくなる事実だ。逆に言えば、震災前までは、すべての街路が路地的であったということだろう。

だが、すでに明治一〇年（一八七七）に施行された寄席取締規則という条例により、寄席の入口は幅員三間以上の道路に面していなければならないとか、二階席（一階が住居や店舗で二階だけの寄席）は非常口を確保すべし、定員は一坪当たり一〇人以下にすべしなど、防災上の規則が定められたらしい。実際はその条例に従う寄席は少なかったようだが、関東大震災で東京中が火事で焼けると、条例の適用が厳しくなった。そのため条例を守れない寄席が姿を消し、江戸情緒の感じられる寄席は復活できなかったという（『落語百景』）。

寄席と街が一体になっていた

JR山手線西日暮里駅の西側の山の手、開成中学の北側、いわゆる道灌山《どうかんやま》にかつて日暮里渡辺町という町があった。大空襲でほぼすべてが灰燼《かいじん》に帰したが、もともとは東京渡辺銀行の経営者・渡辺治右衛門が大正初期に開発分譲した住宅地であり、昭和初期には多くの芸術家や文化人が住んだ。当初から、公園、上下水道、電気、ガス、電話等を設置し、郵便局、派出所、幼稚園等も住民の手で開設された（森田伸子「日暮里 渡辺町 消滅」、山口廣編『郊外住宅地の系譜――東京の田園ユートピア』所収）。東側の低地とは文化圏が違う。

だが、当時はそうした住宅地にも寄席は必須だったらしく、渡辺町にも寄席ができたそうである。考えてみれば、千駄木あたりに住んでいた漱石も鷗外も寄席に通ったのだから当然なのだが、今の時代から見ると、山の手の住宅地に寄席が必須とは、ちょっと意外である。

『日暮里町史』によれば、町は「寄席や映画館などの娯楽施設を「住民の奮発、慰安其他町発展上最も必要なるもの」と位置づけていた。また『新興の尾久町』によれば、「王子電気軌道（現在の都電荒川線：三浦注）の小台停留所付近にあった高級活動常設尾久館（大正一二年開館）や、下尾久停留所付近にあった尾久万歳館（大正一一年）など」の映画館が開館して以来、「付近に人家も建ち繁華になった」そうである（『あらかわと寄席』）。寄席や映画館があることが住民の増加を促進したのである。

また、荒川区には映画の撮影所もあった。大正三年（一九一四）頃には、現在の日暮里中道通り沿いに天然色活動写真株式会社の日暮里撮影所が置かれた。全盛期には六〇〇〇坪の大規模なものであった。また、河合映画製作社の町屋撮影所は、五〇坪ほどの小規模のものだったらしいが、昭和二年（一九二七）に町屋四丁目あたりに設立された（八木橋伸浩『都市周縁の考現学』）。

時代は下るが、昭和三〇年（一九五五）には南千住駅のそばに、演芸場として栗友亭が開設された。栗本友爾氏が自宅兼店舗（雑貨屋）を大改装し、雑貨屋の二階に定員二四〇人の畳席をつくったものであった。「上野鈴本亭や新宿末広亭を参考にした立派な造りの舞台を備えた本格的な演芸場であった」。栗友亭には「近所の商店から提灯や大入額などが寄贈され、広告料も提供され」た。新しい「文化的スポットに対して地域ぐるみの支援が寄せられた」のである。「開場一年目の出し物は浪曲が中心で」あり、広沢虎造、二葉百合子、村田英雄、三波春夫らが出演した。三波は「浪曲をやった後に舞台を一変させてから歌謡曲をやり、客席はおおいに沸いた」。栗本によれば「多くの浪曲の師匠が気位が高くふんぞりかえる」のに対して、三波は「楽屋に入る前に席主に必ず挨拶するなど礼儀のゆきとどいた人だった」という（前掲）。

前述したように、映画館と寄席が隣接して建てられることもあった。「日暮里の金美館を建てた美須鉱は、その隣に美登里亭を開き、周りに射的場や碁会所、居酒屋や洋食屋を開業し、マチの遊楽街を出現させた」。今はどうなっているかと現地を歩いてみたが、産業廃棄物処理の工場などになっており、往時を偲ばせるものは何もなかった。

そのほかにも、南千住の第一会館と大橋館、三河島の三山倶楽部と三山館などは、それぞれが隣接して立地していたという。

「こうした街の寄席に対して、近隣の商店は、寄席の番組チラシなどに広告を出した。いわば、地域の人びとがスポンサーとなっていた。そして、寄席が近くにあり、いつも通えるという条件により、客としての地域住民は」「贔屓の芸人を持つことさえできた」。寄席もまた商店の一つだったとも言える。

「今日思い描く映画館と、この頃の寄席が決定的に異なる点は」、寄席の「所在地が、いわゆる現在の盛り場のような所ではない点である」。すでに現代の映画館は巨大なビルやショッピングセンターの中にある。しかし当時の「寄席も映画館もマチの中にあったのである」(『あらかわと寄席』)。住民と商店と娯楽が一体となって街が盛り上がっていたのである。これは、これからの街づくりを考える上でも重要な視点ではないだろうか。

都市には縦糸と横糸が必要

寄席というのは席を寄せると書くが、本来は単に「寄せ」だろう。人を寄せる、集める、の意味だ。それで少し連想が働いた。私は三年ほど前、ある人に頼まれて「日本横丁フォーラム」というシンポジウムで司会をした。それに先立ち、そもそもなぜ横丁は縦丁ではないのかという、どうでもいいようなことを考えた。横槍、横恋慕、横着、横車、横取り、邪《よこしま》など、

「よこ」には何だか悪い意味もある。そもそも、横の「よ」の音には、真面目じゃないというか、四角四面じゃないというようなニュアンスが含まれるのだと思った。

よろよろ、よれよれ、よたよた、よちよち、と言えば、疲れてまっすぐ歩けない、子どもがまだちゃんと歩けない様子だ。除《よ》ける、避《よ》ける、選《よ》る、止《よ》す、などの言葉には、主流、本流からはずれる（はずす）、進むのをストップする、といった意味合いがある。よそ、と言えば、自分の住む場所ではない他の場所、自分ではない他人を意味する。「寄り道」というのも真面目な人には許せない。

このように、「よ」という音の中に、日本人はまっすぐでないもの、真面目でないもの、元気でないもの、主流でないもの、昼間の仕事ではないものなどのイメージを感じている。夜、酔う、も「よ」の世界の言葉だ。

それに対して、「縦」の「た」の音には、真面目で、まっすぐで、元気なイメージがある。「縦」は「立てる」「建てる」につながるのではないだろうか。立てば高くなる。龍《たつ》はまっすぐ高い空に登っていくし、滝は高いところからまっすぐ落ちてくる。凧は高い空に揚がる。竹もぐんぐん伸びる。足せば、どんどん増える。その他にも、隆《たか》い、武《たけ》し、丈、岳、嶽、威《たけ》し、猛《たけ》し、長け、たくましい、など、「た」の音には元気で、どんどん上に伸びていくイメージが内包されている。

一方で「縦割り行政」というように、縦は堅苦しく、融通の利かないイメージもある。「たて」は「竪」とも書くが、「堅」と似た字で、いかにも堅苦しい。

このように「縦」の世界は、昼間の真面目に働く世界、堅苦しい規則の世界であり、仕事が終わって一休みするのが「横」の世界なのである。だから人は夜になると、横丁で酒を飲んで酔っぱらったり、寄席に行ったりして、いい気持ちになって、最後はよろよろして、横になって休むのである。

そして都市は、この縦の世界と横の世界の緊密なバランスの上に成り立っている。縦の世界は官庁街やオフィス街である。しかし、その近くには必ず飲食店街、歓楽街といった横の世界がセットになっている。この縦糸と横糸が細かく緊密に織り上げられているほど、都市は魅力的になる。その糸はちょうど都市の街路に当たる。細い横糸は路地である。太い縦糸は大通りである。大通りだけでは都市は単調になる。細い糸が、特に細い横糸が織り込まれなければならない。都市における娯楽は、都市という織物に欠かすことのできない画竜点睛《がりょうてんせい》とも言うべき横糸である。この横糸がなければ都市とは言えないのである。

主な参考文献

第一章

内田忠賢「高度経済成長期における『娯楽の殿堂』と『昭和の怪物』たち——奈良ドリームランド・船橋ヘルスセンターをめぐって」（『地球と環境』二〇〇九年三月号）

永六輔「おにぎりと飛行機と温泉と——マンモス娯楽センターに見る日本の縮図」（『女性セブン』一九六三年六月五日号）

開高健「日本人の遊び場13　十二万坪のステテコ領土——船橋のヘルスセンター」（『週刊朝日』一九六三年九月二七日号）

小林太三郎「大衆の中のレジャー産業——船橋ヘルスセンター」（『電通広告論誌』一九六三年一〇月号）

丹澤章浩「ヘルスセンターの時代」（滝口昭二監修『目で見る船橋の１００年』郷土出版社、二〇〇七年）

丹沢善利『温泉と私』暮しのニュース社、一九五七年

丹沢善利『船橋土地造りの今昔』野田経済社、一九六三年

丹沢善利『自照』一九六七年

千葉高司「施設研究　船橋ヘルス・センター」（『レジャー産業』一九六八年八月号）

船橋市広報課編『ふなばし物語——太古から現代まで』一九九四年

三浦朱門「ニッポン解剖33　元祖・ヘルス・センター」（『週刊サンケイ』一九六四年一二月一四日号）

森谷五郎『ヘルスセンター発祥時の想い出』一九七一年

山川正作編『船橋ヘルス・センター年表』一九七二年

若宮剛「発展的解消説が出た船橋ヘルスセンター分離独立後の方向を占う」（『レジャー産業』一九七〇年一二月号）

「レジャー長屋」（『毎日グラフ』一九六三年九月一日号）

「船橋ヘルス・センター」（『レジャー産業』一九七〇年一月号）

第二章

江東楽天地二十年史編纂委員会『江東楽天地20年史』一九五七年

津金澤聰廣「東京に残した足跡」（『東京人』一九九八年五月号）

東京楽天地『東京楽天地25年の歩み』一九六二年

東京楽天地『東京楽天地30年小史』一九六七年

東京楽天地『東京楽天地50年史』一九八七年

山本三生編『日本地理体系 第三巻 大東京篇』改造社、一九三〇年

第三章

青柳俊男「東京と大阪　レジャービル収益比較」（『レジャー産業』一九六九年六月号）

大嶋健児「レジャービル　多様化、高級化の道たどる」（『レジャー産業』一九七〇年六月号）
「ふん囲気が経営を左右するマンモスバー」（『レジャー産業』一九七一年二月号）
「事例にみるテナント経営」（『レジャー産業・資料』一九七一年八月号）

第四章

日本ボウリング振興協議会『写真で見るボウリング』一九九四年
渡辺公一「ボウリング施設の企画と設計」（『レジャー産業』一九七〇年一二月号）
「まさに世界一　五反田ボウリングセンター」（『ボウリングファン』一九六五年三月号）
「ボウリング場めぐり 上野スターレーン」（『ボウリングファン』一九六五年六月号）
「世界最大のボウリング場」（『レジャー産業』一九六九年一月号）
「玉川高島屋『レジャービル』もオープン」（『レジャー産業』一九七〇年二月号）
「13万レーン時代のボウリング・マーケティング戦略」「ジャンボ化するボウリングセンター」（『レジャー産業・資料』一九七一年一〇月号）
「復興なるか　ボウリング場経営の実態」（『レジャー産業・資料』一九七六年八月号）

第五章

東秀紀『東京の都市計画家 高山英華』鹿島出版会、二〇一〇年
東龍太郎『オリンピック』わせだ書房、一九六二年
井出孫六『その時この人がいた――昭和史を彩る異色の肖像37』毎日新聞社、一九八七年
片木篤『オリンピック・シティ 東京 １９４０・１９６４』河出書房新社、二〇一〇年
高山英華『私の都市工学』東京大学出版会、一九八七年

第六章

江口桂『古代武蔵国府の成立と展開』同成社、二〇一四年
宮内庁『下総御料牧場史』一九七四年
ＪＲＡ競馬博物館編『府中と東京競馬場』馬事文化財団、一九九五年
ジャレド・ダイアモンド『銃・病原菌・鉄』草思社、二〇〇〇年
武市銀治郎『富国強馬――ウマからみた近代日本』講談社選書メチエ、一九九九年
千葉県教育委員会『房総の近世牧跡』二〇〇六年
地方競馬全国協会編纂『地方競馬史』第1巻、一九七二年
中央競馬会『中山競馬場50年のあゆみ』一九七八年
東京大学大学院工学系研究科建築学専攻建築史研究室編『府中市の歴史的建造物』府中市教育委員会、二〇〇九年

中山競馬場70年史編集委員会『中山競馬場70年史』日本中央競馬会中山競馬場、一九九八年
日本中央競馬会総務部編『日本中央競馬会二十年史』一九七六年
日本中央競馬会東京競馬場「武蔵国府関連遺跡調査報告35 第1分冊 国府地域の調査 27（1）、府中市埋蔵文化財調査報告 第38集（1） 東京競馬場スタンド改築工事に伴う事前調査」二〇〇五年
萌黄会編『日本騎兵八十年史――萌黄の栄光』原書房、一九八三年

終　章

青木宏一郎『軍国昭和 東京庶民の楽しみ』中央公論新社、二〇〇八年
荒川区教育委員会・荒川区ふるさと文化館『あらかわと寄席』二〇〇五年
エーピーピーカンパニー編『江戸／東京芸能地図大鑑』二〇〇二年
三遊亭圓生『新版 寄席切絵図』青蛙房、二〇一一年
田中淳「東京の寄席にみる都市社会史――民衆娯楽としての普遍性」（奥須磨子・羽田博昭編著『都市と娯楽――開港期～1930年代』日本経済評論社、二〇〇四年）
森田伸子「日暮里 渡辺町 消滅」（山口廣編『郊外住宅地の系譜――東京の田園ユートピア』鹿島出版会、一九八七年）
八木橋伸浩『都市周縁の考現学』言叢社、一九九五年
『落語百景――噺家たちが生きた街、愛した街を歩く』新人物往来社、二〇〇八年

写真・図版・資料協力

◆口絵
P1～9　船橋市役所／船橋市図書館／「船橋ヘルス・センターガイドブック」（昭和35年）
P10～15　東京楽天地
P16　日本ボウリング場協会

◆本文写真・図版
（文中、特に記載がないものについては以下の通り）
船橋市役所蔵（第一章）
東京楽天地蔵（第二章）
ロサ会館蔵（第三章）
日本ボウリング場協会（第四章）
総合ユニコム『月刊レジャー産業資料』

カバー写真　「楽天地 江東劇場、本所映画館」東京楽天地蔵
「船橋ヘルスセンター大劇場ショー」船橋市役所蔵
表紙図版　「船橋ヘルスセンターご案内図」船橋市西図書館蔵

図版作成　谷口正孝

三浦　展　（みうら・あつし）

1958年生まれ。82年一橋大学社会学部卒業後、株式会社パルコ入社。

マーケティング情報誌『アクロス』編集室勤務。86年同誌編集長。90年三菱総合研究所に入社。

99年「カルチャースタディーズ研究所」設立。家族、若者、消費、都市、郊外などの研究を踏まえ、
新しい社会デザインを提案する。

著書に『「家族」と「幸福」の戦後史』『新東京風景論』、『奇跡の団地・阿佐ヶ谷住宅』（編著）、

『吉祥寺スタイル』『中央線がなかったら』『高円寺・東京新女子街』（共著）などがある。

昭和《しょうわ》「娯楽《ごらく》の殿堂《でんどう》」の時代《じだい》

二〇一五年五月一〇日　第一刷発行

著者　三浦　展
発行者　富澤凡子
発行所　柏書房株式会社
東京都文京区本郷二―一五―一三（〒一一三―〇〇三三）
電話（〇三）三八三〇―一八九一［営業］
（〇三）三八三〇―一八九四［編集］

装丁・レイアウト　矢萩多聞
組版　有限会社一企画
印刷　壮光舎印刷株式会社
製本　株式会社ブックアート

ISBN978-4-7601-4579-9